Für Basti, Robin, Jannick und Leon,
durch die ich jeden Tag ganzheitlich dazulerne!

Sage es mir und ich vergesse es!
Zeige es mir und ich erinnere mich!
Lass es mich tun und ich werde es behalten!
Konfuzius

Antje Suhr

Zahlen hüpfen, Buchstaben springen

Bewegungsspiele zur ganzheitlichen Schulvorbereitung

Gerne nehmen wir Ihre Anregungen, Wünsche, Kritik oder Fragen entgegen:
Don Bosco Medien GmbH, Sieboldstraße 11, D-81669 München
anregungen@donbosco-medien.de
Servicetelefon: +49(0)89 / 48008-341

Bibliografische Information der Deutschen Nationalbibliothek

Die Deutsche Nationalbibliothek verzeichnet diese Publikation in der Deutschen Nationalbibliografie; detaillierte bibliografische Daten sind im Internet über http://dnb.d-nb.de abrufbar.

---

15. Auflage 2025 / ISBN 978-3-7698-1588-7
© 2006 Don Bosco Medien GmbH, Sieboldstraße 11, D-81669 München
produktinformation@donbosco-medien.de
www.donbosco-medien.de
Jegliche Nutzung für Text-and-Data Mining und KI-Training ist ausdrücklich vorbehalten und nicht gestattet.
Umschlagillustration: Petra Lefin
Umschlag: ReclameBüro, München
Fotos: Roger Kautz, www.foto-kautz.de
Produktion: BoD – Books on Demand, Norderstedt

Gedruckt auf umweltfreundlichem Papier

Inhalt

Vorwort	6
Wie Kinder das Lernen lernen	9
Spiele zum Farbenlernen	17
Spiele zum Formenlernen	23
Spiele zur Förderung der Sprachentwicklung	29
Mit dem Atem spielen	29
Das Gehör schulen	32
Lautmalereien	36
Sprechspiele	39
Fingerspiele	44
Spiele zur Wahrnehmungsförderung	50
Spiele zur Förderung der Körperwahrnehmung	60
Spiele zur Förderung des Sozialverhaltens	66
Spiele zur Schulung der Feinmotorik	71
Spiele zur Förderung von Aufmerksamkeit und Konzentration	75
Spiele zur Förderung logischen Denkens	81
Wenn Zahlen vor Freude hüpfen	90
Wie Buchstaben laufen lernen	103
Spannende Entspannung	109
Materialliste	115
Literatur und Musiktipps	117
Quellenverzeichnis	119
Dank	120
Spieleregister	121
Spieleregister alphabetisch	125

Vorwort

Zur gesunden Entwicklung eines Kindes gehört der Gebrauch aller Sinne. Die 100 Milliarden Nervenzellen des menschlichen Gehirns wollen beschäftigt, trainiert und gefordert werden. Nur so lernen Kinder effektiv und nachhaltig die Welt mit all ihren vielen so interessanten Dingen im wahrsten Sinne zu „begreifen"!
Leider steht die Nutzung von DVDs, Gameboys und Playstation auch schon im Vorschulalter bei der kindlichen Freizeitgestaltung immer häufiger im Vordergrund. Über das Sehen und Hören hinaus werden andere Sinne durch diese Medien nur bedingt gefordert. Schließlich leidet unter dem Rückgang an elementaren Sinneserfahrungen auch die Entwicklung der kindlichen Phantasie.

Ein weitere Tatsache ist, dass der Bewegungsmangel in den letzten Jahren bei Kindern in Deutschland zugenommen hat, was auch gesundheitliche Folgen wie etwa Übergewicht, Diabetes, Herz-Kreislauf-Erkrankungen und Haltungsschäden nach sich zieht. Daher stellt sich für Erzieherinnen, Lehrkräfte, Therapeuten, aber auch für Eltern die Frage, wie diesen Problemen begegnet werden kann. Mit Aufforderungen, wie „Geht doch mal draußen spielen!" ist es offensichtlich nicht getan.
Es ist gar nicht so lange her, da wurden die meisten Kinderlieblingsbeschäftigungen draußen gespielt. Heute kennen Kinder im

Vorwort

Grundschulalter durchschnittlich nur noch vier Spiele, die im Freien spielbar sind! Für die heutige Elterngeneration war „Stubenarrest" noch eine gefürchtete Strafe. Heutzutage sind viele Kinder zu Stubenhockern geworden und würden sich für dieses „pädagogische Eigentor" bedanken.
Im Zusammenhang mit der Bewegungsarmut steht auch eine gestiegene Unfallrate bei Kindern im Vor- und Grundschulalter. Kinder, die wenig Bewegungserfahrungen sammeln dürfen, verunfallen nach Aussage der Unfallversicherungsträger wesentlich häufiger als Kinder, die mit allen Sinnen die Risiken des Alltags nach und nach kennen und zu meistern gelernt haben.

Die aufgeführten Tatsachen schreien förmlich danach, dass die Welt unserer Kinder bewegter wird. Nach den Ergebnissen der PISA- und OECD-Studie werden Bildungsinstitutionen wie Kindergarten und Schule wieder einmal aufgerufen, aus Kindern möglichst „helle Köpfe" zu machen, Grundkompetenzen und Lernstrategien zu vermitteln. Doch wie kann dieses Anliegen am besten befördert werden? – Da Bewegung und Lernen ein „Traumpaar" bilden, sehe ich genau hier den richtigen Ansatz.

Dieses Buch will Kinder motivieren und unterstützen, alle Sinne zu aktivieren. Schlüssel dazu sind Bewegungsspiele, die oft in Verbindung mit kleinen, anregenden Geschichten spannend werden. Sämtliche Themenschwerpunkte und Förderbereiche werden nach den Voraussetzungen für ein kindgerechtes und ganzheitliches Lernen behandelt. Damit können Kinder auf spielerische Weise für die Anforderungen der Schule vorbereitet und gestärkt werden. Gleichzeitig entspricht diese Art der Förderung den Richtlinien und Bildungsvereinbarungen für Kindergärten und Kindertageseinrichtungen.

Vorwort

Die hier aufgeführten Spiele sind allesamt praxiserprobt und machen sowohl den Kindern als auch deren „Entwicklungshelfern" viel Spaß.
Bei der Materialauswahl wurde darauf geachtet, dass entweder Alltagsmaterialien oder aber in den Einrichtungen vorhandenes Spiel- oder Übungsmaterial zum Einsatz kommt. Weitere Materialien können selbst hergestellt werden. Altersangaben sind bewusst nicht vermerkt, da man mit den vorgestellten Spielen durch geringe Differenzierung eine breite Altersspanne zwischen Kindergarten und auch höheren Grundschulklassen abdecken kann.

Während meiner langjährigen Tätigkeit im bewegten Umgang mit Kindern habe ich immer wieder die Erfahrung gemacht, wie spielend leicht und effektiv Kinder durch phantasievolle Bewegungsspiele lernen. Einige meiner Spiele sind durch Anregungen und Spielfreude der Kinder noch viel interessanter geworden, als sie ursprünglich geplant waren! Deshalb gilt ein ganz großes Dankeschön bei der Entstehung dieses Buches besonders meiner „bewegten" Vorschulgruppe der Jacob-Weber-Kindertagesstätte in Essen.

Ich wünsche Ihnen viel Spaß beim Schmökern, Ausprobieren, Experimentieren und „Weiterspinnen" der bewegten Spiele zur ganzheitlichen Schulvorbereitung! Immer freue ich mich über Fragen, Kritik, Rückmeldungen und weitere Anregungen!

Antje Suhr

Kontakt:
Antje Suhr
Waterfohrplatz 14
45139 Essen
Tel.: 02 01 / 27 02 40
E-Mail: sprungas@aol.com
Homepage: www.sprung-as.de

Wie Kinder das Lernen lernen

Stellt man Erwachsenen die Frage, wie Kindergartenkinder lernen, erhält man häufig Antworten wie die folgenden:
durch Nachahmung – durch Begreifen – durch Wiederholung – durch Experimentieren – durch Rituale – durch Beobachtung –

durch Rollenspiele – mit allen Sinnen – durch Kommunikation – durch intrinsische Motivation – durch Singen – durch Bewegung – in vertrauter Atmosphäre (sowohl auf den Raum wie auf Menschen bezogen) – und vor allem mit viel Spaß!
Diese Liste ließe sich nach Belieben fortführen, denn das kindliche Lernen ist so vielschichtig, wie die genannten Begriffe selbst. Und das ist gut so, weil es damit unzählige Zugänge gibt, sich an neue, unbekannte Aufgaben zu wagen.

Die physiologischen Vorgänge beim Lernen in unserem Gehirn werden bei der oben aufgeführten Fragestellung selten genannt. Sie sind nicht direkt zu beobachten, bilden aber die Voraussetzung für alles, was wir lernen. Deshalb werden im Folgenden kurz die Funktion unseres Gehirn erklärt und Erkenntnisse der Hirnforschung erläutert.

Physiologische Grundlagen des Gehirns

Bei der Geburt ist das Gehirn eines Säuglings mit einem prozentualen Anteil von 23 % an der Gesamtkörpermasse das am weitesten entwickelte Organ. Vergleicht man dieses Verhältnis mit dem des Erwachsenen, staunt man nicht schlecht! Der prozentuale Anteil des Gehirns an der Gesamtkörpermasse eines erwachsenen Menschen beträgt 2 bis 3 %, wobei das männliche Gehirn etwas schwerer ist als das weibliche. Dies sagt aber natürlich nichts über die Qualität der Gehirnleistung aus.

Nervenzellen im Überfluss

Zur Geburt wird jeder Säugling, der keinen Hirndefekt hat, mit einem sehr reichhaltigen Geschenk auf der Erde begrüßt. Eine enorme Anzahl von 100 Milliarden Neuronen, auch Nervenzellen genannt, warten in jedem Gehirn eines Neugeborenen darauf, endlich in Aktion zu treten. Die Anzahl von 100 Milliarden ist für uns unvorstellbar groß. Um uns diese 100 Milliarden Neuronen etwas plastischer vor Augen zu halten, können wir uns folgendes Bild vorstellen: Wenn man alle Neurone, die eine Einzellänge von 7,5 Mikrometern haben, aufeinander legen würde, ergäbe sich ein Turm von 750 km Höhe, mehr als 83 mal so hoch wie der Mount Everest! Vergrößerte man die Originalgröße des Neurons 666 mal auf die Größe eines Reiskorns, so könnte man 100 Milliarden hintereinander gelegte Reiskörner 12 mal um die Erde legen!

Damit unsere Nervenzellen in Aktion treten können, brauchen sie Informationen von der Außenwelt, sozusagen „Geheimagenten", die von der Welt an uns Bericht erstatten. Jeder Mensch ist mit sieben solcher äußerst wertvoller „Geheimagenten" ausgestattet: unse-

Die Sinne als Informanten

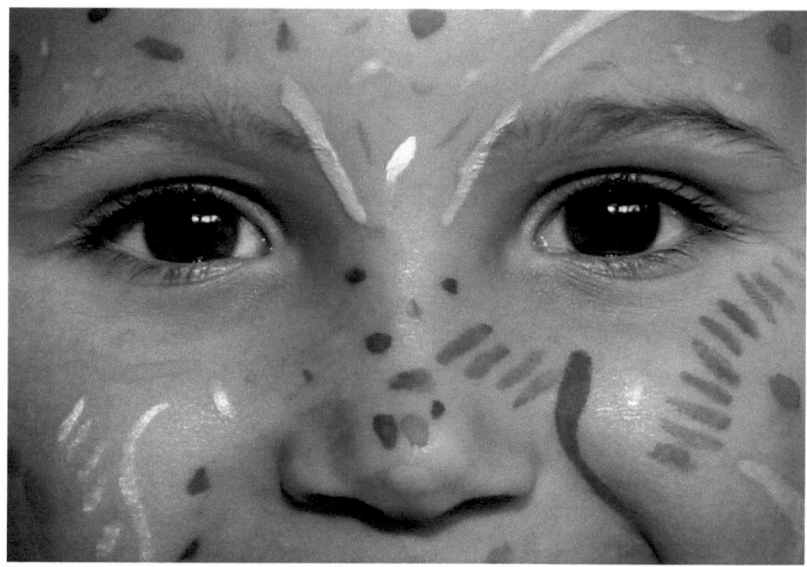

re Sinne. Über die Augen, die Ohren, die Nase, die Haut, den Mund, das Gleichgewichtsorgan im Innenohr und die Tiefensensibilität (Körpersinn) gelangen pro Sekunde 10 Millionen Informationen in unser Gehirn, von denen uns nur 20 zeitgleich bewusst werden. Die restliche Menge von 9.999.980 prallt ab oder landet im Unterbewusstsein und hilft unserem Körper, sich zu orientieren, ohne dass wir das überhaupt wahrnehmen. Wie wichtig diese unbewussten Informationen sind, wird erst dann deutlich, wenn ein solches Organ den Dienst versagt. Fällt beispielsweise das Innenohr mit seiner Funktion aus, können wir aufgrund des einsetzenden Schwindelgefühls nicht mehr gerade stehen!

Wie funktioniert Lernen?

Wie aber funktioniert das Lernen auf der Basis dieser Grundausstattung? An einem Beispiel sei erklärt, wie grundlegende Lernerfahrungen beim Kind ablaufen:
Ein etwa acht Monate altes Krabbelkind hat das Bedürfnis, in möglichst kurzer Zeit möglichst viel Welt kennen zu lernen. Also wird es auch früher oder später bei der Mutter in der Küche landen und sich freudestrahlend experimentell mit dem Herd beschäftigen. Wenn man dem Kind nun Zeit dafür ließe, würde es in aller Ruhe und mit allen Sinnen das neue Gerät untersuchen. Die kochende Mutter reagiert jedoch prompt und erklärt dem Kind deutlich: „Nein, heiß!"
Wie reagiert nun das Kind? Jedes Kind hat in diesem Alter das Wort „nein" schon häufiger gehört und weiß vermutlich, dass die Mutter in diesen Situationen immer etwas energischer spricht als sonst. Von dem Begriff „heiß" hat es noch kein Bild und beschäftigt sich weiterhin angeregt mit diesem neuen Material. Jede Mutter wird das

Kind umgehend aus der Nähe des Herdes entfernen und das Kind von der Gefahrenquelle fernhalten. Trotzdem wird es in nächster Zukunft irgendwann einmal ein Bild vom dem Begriff „heiß" bekommen. In einem anderen Zusammenhang könnte die Milch oder das Wasser beim Händewaschen oder Baden zu heiß sein, so dass die Mutter ihr aufschreiendes Kind vor der Milch oder dem Wasser schützt. Begleitet wird die Reaktion der Mutter verbal mit den Worten: „O je, das war ja viel zu heiß!"

In diesem Moment kommt es im Gehirn zu einem Feuerwerk der Informationsverarbeitung und die Neuronen kommen zu ihrem Einsatz. In Windeseile verbinden sie sich mit anderen Neuronen und bilden so einen Weg bis zu der Stelle, an der im Gehirn ein neues Bild von dem Begriff „heiß" abgespeichert wird. Ganz vereinfacht kann man sich das vorstellen wie bei einem großen, alten Apothekenschrank, der unendlich viele Schubladen hat. In jeder „Schublade" lagert demnach ein Begriff.
Die Schublade mit dem Begriff „heiß" wird blitzschnell eingerichtet und im Anschluss mit vielen anderen Schubladen verbunden. Eine weitere wichtige Verbindungsschublade wäre in diesem Fall die Schublade mit dem schon früher abgespeicherten Gefühl „aua"!

Neuronenverschaltung ermöglicht Begriffsbildung

Durch die fortdauernde Verschaltung der Neuronen untereinander wird nachhaltiges Lernen möglich. Ob die Verbindung der Neuronen über lange Zeit bestehen bleibt, hängt von ihrer Nutzung ab. Die Nutzungsfrequenz kann man sich bildlich wie einen Weg vorstellen: Quer durch eine Wiese kann ein Trampelpfad entstehen, wenn dieser Weg von Mensch und Tier genutzt, also begangen wird. Wird der „Pfad" kontinuierlich von zahlreichen Passanten frequentiert, werden sich Kommunalpolitiker oder Städteplaner dafür entscheiden, diesen Weg zu asphaltieren oder dort eine Straße zu bauen, die unter Umständen sogar eines Tages zur Autobahn wird. Wird ein

Hohe Nutzungsfrequenz erzeugt nachhaltiges Lernen

Trampelpfad jedoch nicht mehr genutzt, wächst erneut Gras darüber und nach einiger Zeit ist der Weg nicht mehr zu sehen. Genau nach diesem Prinzip „use it or lose it" arbeiten auch die Neuronenstraßen. Eine Ausnahme bilden dabei Neuronenverbindungen, die aufgrund von vielfachen motorischen Übungen gelernt wurden (schwimmen, Fahrrad fahren), oder stark emotional geprägte Situationen wie beispielsweise das Datum der eigenen Hochzeit. Die Wege zu diesen „Motorik- und Begriffsschubladen" werden schneller „asphaltiert" und bleiben auch bei geringer Nutzung lange erhalten.

Das Gehirn speichert Wortbilder und kompensiert fehlerhafte Informationen

Erstaunlicherweise haben Erwachsene für jedes Wort eine eigene Schublade mit dem Bild von dem Wort. Somit können sie Texte, bei denen Buchstaben in den Wörtern vertauscht sind, trotzdem ohne Probleme lesen. Der folgende Text veranschaulicht diese Tatsache:

> ***Das klappt wirklich***
> *Nach eienr Stidue der Cmabridge Uinverstiaet, ist es egal in wlehcer Reiehnfogle die Bchusteben in Woeretrn vokrmomen. Es ist nur wihctig, dsas der ertse und lettze Bchustebae an der rihctgien Stlele snid. Der Rset knan total falcsh sein und man knan es onhe Porbelme leesn. Das ist, weil das mneschilche Gehirn nicht jeden Bchustbaen liset sodnern das Wort als gaznes. Krsas oedr? (Quelle unbekannt)*

Konnten Sie diesen Text flüssig lesen? Ist es nicht erstaunlich, wie unser Gehirn fehler- oder mangelhafte Informationen zu kompensieren versteht?

Bei vielen Fortbildungen und Elternabenden wurde jedoch festgestellt, dass Menschen mit stark ausgeprägter Lese-Rechtschreibschwäche und Menschen, die der deutschen Sprache nicht besonders mächtig sind, den Text nicht lesen können. Ausländische Menschen können den Text natürlich ohne Probleme in ihrer Sprache lesen!

Interessant ist nun, wann Kinder beginnen, Wörter als Ganzes im Gehirn abzuspeichern. An einer Essener Grundschule waren nur sehr wenig Zweitklässler (8%) in der Lage, den Text zu lesen. Bei den Drittklässlern lösten schon 75% aller Schüler die Aufgabe, die Viertklässler konnten den Text zu 98% fehlerfrei lesen. Die kleine Testreihe zeigte, dass sich Kinder ab der dritten Klasse in dem Buchstaben-Wirr-Warr zurechtfinden und demnach in diesem Alter Worte als Einheit abgespeichert sind.

Lernen durch Bewegung

Es ist allgemein bekannt, dass Kinder im Vorschulalter besonders schnell lernen können. Die oben geschilderten Erkenntnisse der Hirn- und Lernforschung sollte man sich unbedingt zunutze machen und daher verschiedene Lernmethoden kombinieren.

Kombination verschiedener Lernmethoden

In der frühkindlichen Entwicklung steht das „Greifen" in direktem Zusammenhang mit dem späteren „Begreifen". Auch später prägen sich Inhalte besser ein, wenn sie beim Lernen mit Bewegungsabfolgen verknüpft werden. Aus diesem Grund werden in den beschriebenen Spielen die Nutzung der verschiedenen Sinne und der Einsatz motorischer Fähigkeiten kombiniert. Zusätzlich werden viele dieser sensomotorischen Spiele angereichert durch kleine Geschichten. Phantasievolle Assoziationen, die viele Spielanleitungen begleiten, machen das Spiel abwechslungsreich und spannend und vermitteln zugleich auch neue Kenntnisse über die Welt, über Tiere, Musikinstrumente, Zahlen, Buchstaben und vieles mehr. Durch diese Vielfalt entstehen hoffentlich viele neue Trampelpfade in den Köpfen der Kinder.

Spiele zum Farbenlernen

Bewegte Farben

Jedes Kind erhält eine Farbkarte und bewegt sich damit zur Musik durch den Raum. Bei Musikstopp nennt die Spielleiterin Aufgaben, die daraufhin von den verschiedenen Farben schnell erfüllt werden sollen:
- Rot setzt sich hin.
- Blau läuft in die Ecke.
- Gelb bildet einen Kreis usw.
- Grün hüpft auf einem Bein.

Nicht genannte Farben bleiben stehen!

Variation:
Während der Bewegung zur Musik tauschen die Kinder untereinander die Karten! Bei Musikstopp erfüllt jede Farbe immer die gleiche Aufgabe:
- Rot: auf den Bauch legen
- Blau: auf eine Bank / einen Stuhl klettern
- Gelb: in eine Ecke laufen
- Grün: auf der Stelle einbeinig hüpfen

Material:
Pappkarten in den Grundfarben;
ggf. UNO-Spielkarten;
Musik

Spiele zum Farbenlernen

Gelb wie die Sonne

Material:
Ein größerer Farbwürfel

Da die Kinder dieses Spiel entscheidend mitgestalten dürfen, werden zu Spielbeginn erst einmal sechs Gruppen gebildet. Jeder Gruppe wird eine Farbe (entsprechend des Würfels) zugeordnet.
Die Kinder sollen überlegen, was ihnen zu dieser Farbe alles einfällt, und eine ihrer Ideen pantomimisch darstellen. Daraufhin bilden alle Gruppen zusammen einen großen Kreis. Wird mit dem Farbwürfel nun die Gruppenfarbe gewürfelt, stellt die jeweilige Gruppe ihre Pantomime vor, ohne den Begriff zu nennen. Die anderen Gruppen versuchen, sich die Darstellung zu merken, vielleicht auch den Begriff, der zum Ausdruck gebracht wird, damit sie beim wiederholten Würfeln dieser Farbe die Pantomime mitspielen können. Ziel des Spiels ist es, dass alle Kinder die Darstellungen der anderen Gruppen erraten und beim wiederholten Würfeln der Farben aktiv an der pantomimischen Darstellung teilnehmen.

Bewegte Farb-Finger

Material:
Mehrere Farbwürfel, Schminkstifte in sechs Farben

Auf die fünf Fingerkuppen einer Hand der Kinder werden verschiedene Farbpunkte gemalt. Die Farbreihenfolge kann bei jedem Kind unterschiedlich sein.
Die Kinder würfeln mit dem Farbwürfel, dann versucht jedes Kind für sich, mit dem nicht bemalten Zeigefinger auf die gewürfelte Farbe an der farbigen Hand zu zeigen.

Variationen:
1. Würfelt man mit zwei Farbwürfel, versuchen die Kinder die entsprechenden Farbfinger zusammenzuführen; bei zwei gleichen gewürfelten Farben springen sie schnell in die Luft.

Spiele zum Farbenlernen

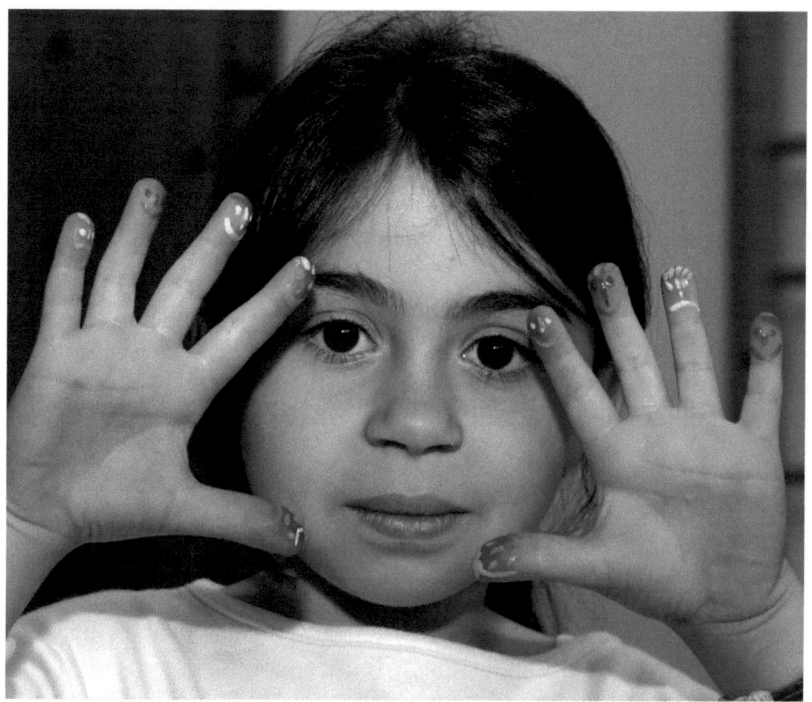

2. Die Kinder können auch zu zweit spielen. Wird mit einem Würfel gewürfelt, führen sie die zwei gleichfarbigen Finger zusammen, würfelt man mit zwei Würfeln, stimmen sich die Kinder kurz ab, welche Farbfinger sie übereinander legen.

3. Spannend wird es, wenn man bis zu acht Farbwürfel zum Einsatz bringt. Die Kinder müssen erst einmal die eingesetzten Würfel zählen, sich dann in entsprechende Gruppen einteilen und schließlich die verschiedenen Farben den Gruppenmitgliedern zuordnen, um anschließend einen Farbturm zu bauen. Als Wettspiel gespielt, wird es hier richtig turbulent!

Spiele zum Farbenlernen

Farben-Fangen

Material:
Größerer Farbwürfel, 6 Matten, Teppichfliesen oder Mousepads; sechs Farbkarten (entsprechend dem Farbwürfel); Stoppuhr

Die Matten werden in den Ecken und am Rand eines großen Raumes ausgelegt, die sechs Farbkarten darauf verteilt; sechs Mannschaften werden gebildet und jede Mannschaft stellt sich auf eine Matte.
Der Spielleiter würfelt eine Farbe und nennt diese laut. Sofort darf die genannte Farbmannschaft versuchen, möglichst viele andere „Farbkinder", die durch den Raum laufen, zu fangen. Alle abgeschlagenen Kinder hocken sich auf den Boden. Nach dreißig Sekunden bricht der Spielleiter ab. Die abgeschlagenen Kinder wechseln die Farbgruppe. Nachdem sich jedes Kind wieder auf die eigene bzw. neue Farbmatte gestellt hat, wird erneut gewürfelt.

Das Bauklotzspiel

Material:
Bunte Bauklötze, laminierte Spielkarten mit unterschiedlichen Farbfolgen

Im Raum werden alle Bauklötze verteilt. Ein Kind läuft, krabbelt, kriecht mit einer Spielkarte, auf der verschieden große und verschiedenfarbige Bauklötze in einer Reihe abgebildet sind, durch den Raum und sucht die jeweils passenden Bauklötze. Diese setzt es auf die Spielkarte.

Variationen:
1. Die Karte wird nicht mit durch den Raum genommen, bleibt also sichtbar auf einem Tisch liegen. Das Kind bringt die einzelnen Steine zurück zum Tisch und vergleicht dort Form und Farbe.
2. Die Karte wird dem Kind nur gezeigt, daraufhin umgedreht auf den Tisch gelegt. Das Kind legt die Bauklötze in der gemerkten Reihenfolge neben die verdeckte Karte und kontrolliert anschließend das Ergebnis.
3. Zwei Gruppen spielen gegeneinander und „arbeiten" mehrere Spielkarten ab. Welche Gruppe ist als erstes fertig?

Das Farbensammelsurium

Vor dem Spiel wird ein Farbwürfel so präpariert, dass die drei Grundfarben jeweils zweimal vorkommen. Jedes Kind sucht sich mit einer Teppichfliese einen Platz im Raum; alle Kleinteile werden im Raum auf dem Boden verteilt.
Der Spielleiter oder ein Kind würfelt mit dem Farbwürfel und nennt die gewürfelte Farbe. Alle Kinder dürfen sich ein Teil der entsprechenden Farbe vom Boden aussuchen. Wenn die Kinder mehrere farbige Teile gesammelt haben, dürfen sie damit etwas bauen. Nach der Bauphase sollte man noch genügend Zeit für das gegenseitige Betrachten und Bestaunen der Bauwerke einplanen.

Material: Verschiedene Kleinteile (Sandsäckchen, Wäscheklammern, Bauklötze, Duplosteine usw.) in Rot, Gelb und Blau; Teppichfliesen, Farbwürfel

Wir alle wollen uns bewegen!

Auf jede Farbkarte werden untereinander fünf Bewegungsformen geschrieben (laufen, hüpfen, kriechen, schleichen ...). Die Karten werden kreisförmig auf dem Boden ausgelegt.
Die Kinder bewegen sich auf der Kreislinie um die sechs Farbkarten. Dabei wird zur Melodie von dem Lied „Ein Vogel wollte Hochzeit machen" folgender Text gesungen:

Material: Großer Farbwürfel; sechs verschiedene Farbkarten entsprechend den Farben des Würfels

„Wir alle wollen uns bewegen,
kräftig unsere Muskeln regen.
Schaut den Würfel an,
schaut den Würfel an,
was er uns wohl sagen kann!"

Ein Kind würfelt in die Kreismitte und nennt die Farbe. Die erste Bewegungsform des entsprechenden Farbblattes wird vorgelesen und begleitend zum Singen ausgeübt:

Spiele zum Farbenlernen

*"Wir alle wollen uns bewegen,
kräftig unsere Muskeln regen.
Jetzt ist laufen dran,
jetzt ist laufen dran,
jeder läuft so gut er kann!"*
...

Wird eine Farbe wiederholt gewürfelt, wird die jeweils nächste Bewegungsform auf dem Blatt vorgelesen.

Variation:
Die Farbkarten werden von den Kindern vor dem Spiel selbstständig mit Bildern von Fahrzeugen, Tieren, sich bewegenden Kindern usw. beklebt.

Spiele zum Formenlernen

Riesenseilformen

Alle Kinder legen zusammen mit ihren Seilchen eine Riesenform (Kreis, Dreieck, Viereck, Schlangenlinie ...) und balancieren darüber.

Material:
Ein Seil für jedes Kind

Spiele zum Formenlernen

Körperformen

Die Kinder formen mit ihren Armen vor ihrem Körper Kreis, Dreieck, Viereck und sogar Fünfeck (die Schultern zählen als Ecken). Sind die Formen bei allen gut zu erkennen, ruft ein Spieler eine Zahl, alle anderen Kinder bilden schnell für sich mit den Armen die dazugehörige Form (0 = Kreis, 3 = Dreieck, 4 = Viereck, 5 = Fünfeck).

Variation:
Der Spielleiter ruft eine Zahl, die Kinder bilden entsprechende Gruppen und formen als Gruppe stehend mit ausgestreckten Armen oder auf dem Boden liegend die genannte Form.

Formen-Memory-Staffel

Material:
24 Paare Memorykarten, die die Kinder mit verschiedenen Formen und Farben bemalen und danach laminiert werden

Die Kinder stehen in Vierer-Mannschaften hintereinander an einer Hallenseite; vor ihnen liegen sichtbar 8 Formen-Karten nebeneinander. Die „Pärchen" (Gegenstücke) der 8 Karten liegen auf der anderen Hallenseite sichtbar nebeneinander in einer anderen Reihenfolge.
Das erste Kind sieht sich die erste Karte an und läuft zur gegenüberliegenden Seite, um dort möglichst schnell das Gegenstück zu holen; hat es die Karte über die erste gelegt, darf das zweite Kind starten. Wenn alle Karten gefunden und richtig zugeordnet sind, hat die zuerst sitzende Mannschaft gewonnen.

Variationen:
1. Alle Karten liegen verdeckt auf dem Boden. Das erste Kind deckt die erste Karte vor sich auf, rennt auf die gegenüberliegende Seite und dreht dort eine beliebige Karte auf. Ist es das Gegenstück,

darf sie mitgenommen werden, ansonsten bleibt sie aufgedeckt liegen. Das zweite Kind versucht nun auch das Gegenstück der ersten Karte zu finden. Erst wenn das Gegenstück der ersten Karte gefunden ist, darf die zweite Karte auf der Mannschaftsseite aufgedeckt werden.
2. Alle Karten liegen verdeckt auf beiden Seiten. Entspricht die Karte auf der gegenüberliegenden Seite nicht der ersten aufgedeckten Karte, muss sie wieder umgedreht (verdeckt) werden. Die Spieler dürfen ihrer Mannschaft Tipps geben, wo bestimmte Karten liegen.

Seilchenformspiel

Alle Kinder sitzen mit ihrem Seilchen auf dem Boden und legen verschiedene Formen, die vom Spielleiter angegeben werden (Kreis, Strich, Schlangenlinie, Viereck, Schnecke, Fische, Null, Acht usw.), vor sich auf den Boden. Der Spielleiter kontrolliert mit den Kindern die Formen.

Material:
Ein Seilchen bzw. Wollfaden für jedes Kind

Variationen:
1. Die Kinder spielen zu zweit zusammen. Ein Kind dreht sich um; das zweite legt eine leichte Form (später schwerere), die dann vom ersten Kind kurz betrachtet und nachgelegt wird. Das Kind, das sich umgedreht hat, versucht, mit geschlossenen Augen die Seilform des anderen Kindes mit den Fingern abzutasten. Hat es die Form erkannt, legt es sie mit dem eigenen Seil nach und vergleicht beide Formen.
2. Die Kinder spielen zu zweit zusammen. Ein Kind versucht mit geschlossenen Augen die Form des Seiles mit Füßen zu ertasten. Wieder wird die Form mit dem eigenen Seil nachgelegt.

Spiele zum Formenlernen

Seilgeschichte

Material:
Ein Seil bzw. Wollfaden für jedes Kind

Die Spielleiterin liest das Gedicht vom Faden vor; alle Kinder sitzen in einem großen Kreis und legen die genannten Formen mit dem Seilchen nach.

Der Faden
*Es war einmal ein Faden,
der lag da wie ein Strich,
der lag da und langweilte sich.
„Was tu ich? Ich ringle mich!"
Er ringelte sich zur Spirale.
Und dann mit einem Male
machte er aus sich draus
eine Schnecke mit ihrem Haus.
Gleich wurde was Neues gemacht:
Heidiwitzka, eine 8!
Bald drauf eine Dickedull,
eine kugelrunde Null.
Dann noch mit viel Geschick
ein Fisch, ein Meisterstück!
„Was kann ich jetzt noch sein?",
dachte der Fisch. Da fiel ihm was ein:
„Ich schlängle mich als Schlange –
wenn wer kommt, dann wird ihm bange!"
Dass wer kommt –
drauf wartet er schon lange.*

Josef Guggenmos

Variation:

Jedes Kind sucht sich eine Lieblingsform aus und klebt diese mit einem Wollfaden auf ein Blatt. So können die Kinder zusammen ihr eigenes Seilchenbuch erstellen. Das Gedicht von Josef Guggenmos oder auch eine eigene Geschichte wird neben die Formen geschrieben.
Bei sehr geduldigen und motivierten Kindern kann jedes Kind auch sein eigenes Buch basteln, das später gebunden wird.

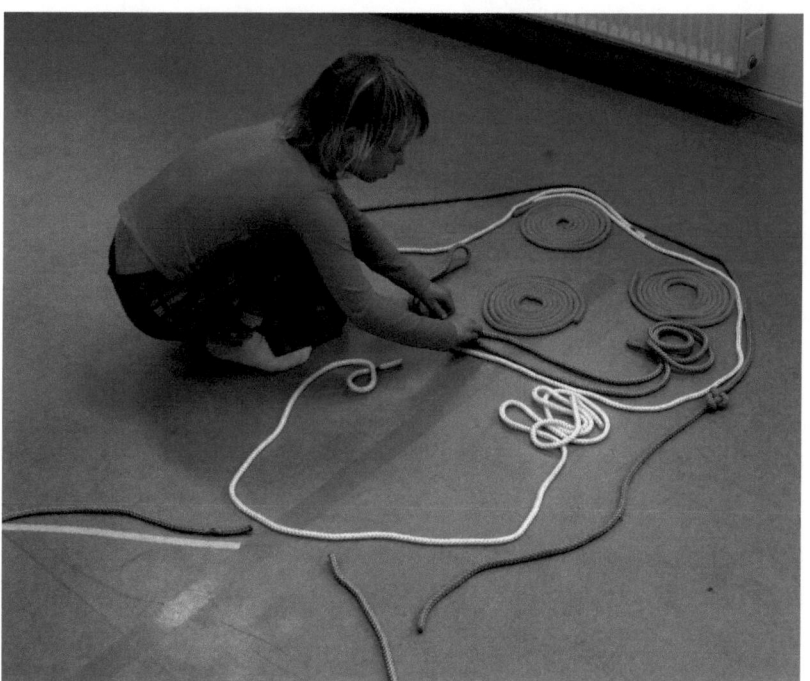

Dreieck, Viereck, Fünfeck, Kreis, mal laut, mal leis!

Material:
Musik, farbiges
Tesakreppband
oder Straßenkreide

Mit Tesakreppband werden die vier großen Formen Dreieck, Viereck, Fünfeck und Kreis auf den Boden geklebt (Achtung: Es gibt Kreppband, das auf dem Bodenbelag Rückstände hinterlässt, daher vorher testen). Bei Musikstopp nennt die Spielleiterin die Lautstärke und eine Form. Alle Kinder laufen (laut oder leise) zur genannten Form, und balancieren (laut stampfend oder schleichend) über die Außenlinie.

Spiele zur Förderung der Sprachentwicklung

Mit dem Atem spielen

Bei den folgenden Spielen sollen Kinder ganz spielerisch mit ihrer Atmung experimentieren und sie kennen lernen. Denn Atmung kann man so gut beobachten ...

Luftpantomime

Die Kinder stehen im Kreis und stellen sich verschiedene Situationen, die sie gemeinsam nachspielen:
- eine Geburtstagskerze auspusten, fünf Geburtstagskerzen, hundert Kerzen ...
- Seifenblasen pusten
- Luftballon aufpusten
- Federn hochpusten
- mit Strohhalm in der Badewanne Blubberblasen pusten
- Watte pusten usw.

Spiele zur Förderung der Sprachentwicklung

Watte-WM

Material:
Tisch, Watte,
Strohhalme

Die Kinder spielen zu zweit am Tisch gegeneinander Tischfußball, indem sie einen Wattebausch hin- und herpusten. Fällt der Wattebausch zu Boden, gilt dies als Tor.
Achtung: Nur die Luft nach einmaligem Einatmen auspusten, danach kurze Verschnaufpause; Gefahr der Hyperventilation!

Luftikus

Material:
Je ein Kissen oder
Luftballon pro Kind

Die Kinder schieben sich ein Kissen oder einen Luftballon unter ihr T-Shirt und legen sich auf den Rücken. Jeder beobachtet seinen „dicken" Bauch beim normalen Atmen, beim Lachen, beim ruhigen Atmen, beim Luft anhalten usw.

Puste-Labyrinth

Mit verschiedenen Alltagsmaterialien wird ein Parcours für den Watteball aufgebaut. Der Ball wird entweder von einem oder mehreren Kindern gleichzeitig durch das Labyrinth gepustet.

Material:
Alltagsmaterial, Watte, Strohhalm

Seifenblasen-Spiegel-Tanz

Der Spiegel wird vor Spielbeginn mit Wasser befeuchtet. Große Seifenblasen können von den Kindern nun vorsichtig auf den Spiegel geblasen werden. Befindet sich eine vollständige Seifenblase auf dem Spiegel, kann man sie mit dem Strohhalm weiterpusten.

Material:
Großer Spiegel, Seifenblasen, Wasser, Strohalme

Spiele zur Förderung der Sprachentwicklung

Riesenballon

Alle Kinder bilden einen Kreis mit Handfassung, kommen möglichst eng in die Mitte und stellen so einen unaufgeblasenen Luftballon dar. Die Spielleiterin erklärt, was mit dem Ballon passiert:
- langsam aufblasen: alle Kinder pusten und gehen langsam auseinander
- Luft wieder rauslassen (quietschen lassen): entsprechendes Geräusch und Bewegung zur Kreismitte
- erneut aufblasen
- Luft schnell herauslassen
- ganz prall aufpusten
- den Ballon auf dem Boden springen lassen: die Kinder springen
- den Ballon drehen: die Kinder drehen sich zusammen im Kreis
- platzen lassen: entsprechendes Geräusch; die Kinder rennen alleine durch Raum und lassen sich auf Boden fallen

Das Gehör schulen

Ohren wie ein Luchs

Im Sitzkreis massiert jedes Kind vorsichtig seine Ohren. Sind alle Ohren warm massiert, legen sich die Kinder auf den Rücken und lauschen, ob und was sie in der Stille hören können. Danach tauschen sich die Kinder über das Gehörte aus.

Variation:
Zu Spielbeginn nur ein Ohr massieren. Nach der ersten Stillephase und einem Gespräch wird das zweite Ohr massiert.

Superohren im Wald

Jedes Kind sucht sich als „Zauberbaum" einen Platz im Raum und schließt dann die Augen. Die Spielleiterin geht langsam durch den „Wald". Alle Kinder, die sie hören können, verfolgen ihre Bewegung mit dem ausgestreckten Finger. Nach kurzer Zeit tippt sie ein Kind an, das ihre Rolle übernimmt.

Klackerei

Alle Kinder sitzen mit geschlossenen Augen im Sitzkreis, der Spielleiter steht mit der mit Tischtennisbällen gefüllten Dose in der Mitte und schüttet langsam die Bälle aus. Erst, wenn die Kinder keine Ballbewegung mehr hören, dürfen sie damit beginnen, schnell alle Tischtennisbälle wieder in die Dose zu werfen.

Material:
40 bis 50 Tischtennisbälle, Keksdose

Menschen-Geräusche-Memory

Zwei Kinder verlassen den Raum (Memoryspieler). Alle anderen bilden Tierpaare und üben kurz das dazugehörige Geräusch. Die Tierlaute werden den anderen Kreiskindern vorgestellt. Die beiden Memoryspieler betreten den Raum und spielen nach den bekannten Regeln, wobei jedes Kind im Wechsel zwei Kreiskinder antippt und sich die jeweiligen Geräusche anhört. Entdeckt einer der beiden Memoryspieler ein Paar, darf er erneut spielen. Die entdeckten Tierpaare setzen sich auf den Boden.

Material:
Evtl. Spielkarten mit jeweils zwei gleichen Tieren (für kleinere Kinder als Gedächtnisstütze)

Variation:
Die entdeckten Paare stellen sich in zwei verschiedene Ecken, so dass man später den Gewinner des Spiels ermitteln kann.

Spiele zur Förderung der Sprachentwicklung

Chaos-Geräuschememory

Material:
Evtl. Spielkarten mit Tierbildern

Wie beim Menschen-Geräuschememory bilden die Kinder Paare und üben kurz das jeweilige Tiergeräusch. Betreten die Memoryspieler den Raum, beginnen alle Kreiskinder gleichzeitig möglichst leise ihr Tiergeräusch. Die Memoryspieler haben gemeinsam die Aufgabe, die Paare zu finden und zu vereinigen.

Heulrohr-Stethoskop

Material:
Heulrohr oder Drainagerohr aus dem Baumarkt

Mit einem Heulrohr lässt sich gut das eigene Herz erforschen. Die Kinder laufen kreuz und quer durch den Raum (oder mit dem Heulrohr als Propeller auf einer Wiese). Wenn sich alle genügend belastet haben, halten sie stehend das Heulrohr an Herz und Ohr und können so gut den eigenen Herzschlag wahrnehmen. Viele Kinder hören mit diesem „Stethoskop" das Herz sogar in Ruhe.

Großgruppengeheimtelefon

Jedes Kind erhält ein Heulrohr und probiert sein „Billigtelefon" erst einmal aus, indem es mit dem Mund in das Rohr spricht und mit dem Ohr am anderen Ende des Rohres lauscht. Wichtig: Jedes Kind muss die Erfahrung machen, dass schon ein sehr leises Hineinsprechen deutlich gehört wird und man keinesfalls in das Telefon schreien darf!
Nach dieser Vorbereitung dürfen die Kinder in Gruppen telefonieren. Dafür stellen sich zwei bis 30 Kinder in eine Reihe und halten die Heulrohre aneinander. Verbindungsstücke sind die Hände (bei kleinen Kindern Tesakrepp oder Teilstücke der Rohre). Nun werden Geheimwörter oder -botschaften vom ersten bis zum letzten Kind gesendet. Alle Kinder dazwischen sind Spione, die an den Verbindungsstücken lauschen dürfen.

Material:
Heulrohre bzw. Drainagerohre aus dem Baumarkt

Spiele zur Förderung der Sprachentwicklung

Telefonzentrale

Material:
Heulrohre bzw.
Drainagerohre aus
dem Baumarkt

Alle Kinder sitzen im Kreis und legen ihre Heulrohre sternförmig zur Kreismitte. In der Mitte sitzt ein Kind ohne Heulrohr, das die Telefonzentrale spielt. Möchte nun ein Kind mit einem anderen telefonieren, nimmt es das Heulrohr an den Mund. Die Telefonistin der Zentrale fragt nach, mit wem telefoniert werden möchte und stellt die Verbindung her, indem sie die zwei entsprechenden Heulrohren zusammenfügt.

Lautmalereien

Mundakrobaten

Alle „Mundakrobaten" stehen in einem großen Kreis und produzieren gleichzeitig verschiedene ausgedachte Geräusche. Sobald jedes Kind ein eigenes Lieblingsgeräusch ausgesucht hat, versucht es, dieses zusätzlich mit einer Bewegung zu untermalen. Jeder kleine Mundakrobat stellt nun sein Geräusch mit dazugehörender Bewegung vor und alle überlegen zusammen, wie dieses Geräusch genannt werden könnte (Zug, Schlange, Toilettenspülung...). Nun gibt es mehrere denkbare Spielverläufe:
1. Alle Kinder schließen die Augen; ein Kind wird vom Spielleiter berührt und bringt sein Geräusch zum Ausdruck; die anderen versuchen möglichst schnell, die dazugehörende Bewegung zu machen.
2. Der Spielleiter benennt ein Geräusch, das von den Kindern sofort nachvollzogen wird.
3. Ein Kind stellt eine Bewegung vor, alle anderen versuchen das dazugehörende Geräusch zu machen.

Bewegte Vokalhäuser

Zur Einführung dieses Spiels verteilt der Spielleiter die Papp-Vokale an fünf Kinder. Diese Kinder suchen sich einen Platz im Raum und stellen sich dort breitbeinig mit dem Vokal in Vorhalte als „Vokalhaus" auf. Zur Musik bewegen sich alle anderen Kinder durch den Raum. Die Vokalhaus-Kinder sprechen währenddessen ihren Vokal. Bei Musikstopp dürfen alle Kinder, die ein Wort mit einem der Vokale kennen, durch die jeweilige Haustür (gegrätschte Beine) krabbeln und das Wort laut vorstellen. Der Hausbesitzer kontrolliert die Richtigkeit der genannten Wörter. Im Anschluss dürfen alle Hausbesucher mit ihren Wörtern einen Quatschsatz bilden, der der Gesamtgruppe präsentiert wird. Daraufhin wechseln die Vokalhaus-Kinder und bei Musikbeginn beginnt das Spiel von vorne.

Material:
Musik, groß ausgeschnittene Papp-Vokale A, E, I, O, U

Eiswürfelchen

Die Kinder bewegen sich zur Musik kreuz und quer durch den Raum. Bei Musikstopp verwandeln sie sich sofort in Eiswürfelchen und geben ein deutliches „schschsch" von sich.

Material:
Musik zum Laufen

Variationen:
Bei Musikstopp werden weitere Vorgaben zur Lautbildung gemacht und von den Kindern gespielt:
Biene Maja: „sssssss"
Luftballon: „fffffff"
Bohrmaschine: „brrrrrrr" usw.

Eiswürfelchen-Fangen

Material:
Ein Paar Handschuhe, zwei Mützen

Zwei Kinder werden als Fänger mit Mütze und jeweils einem Handschuh ausgestattet. Die Kinder bewegen sich im Raum. Berührt ein Fänger ein Kind, bleibt dieses stehen, verwandelt sich zu einem Eiswürfelchen und gibt ein deutliches „schschsch" von sich. Drei weitere Kinder können es erlösen, indem sie einen Kreis um das Kind bilden und „Tau, tau, tau, tau, tau" rufen.

Die Lok kommt

Die Kinder stehen im Kreis und lassen mit Hilfe ihrer Stimme eine Lokomotive im Kreis herum fahren („sch sch sch sch ..."). Der Laut „sch" wird dabei von einem zum anderen weitergegeben! Natürlich kann die Lokomotive ihre Richtung jederzeit ändern.

Variationen:
1. Bevor die Lokomotive an einem Kind vorbeifährt, muss es die Bahnschranken pantomimisch vor dem Gesicht schließen. Das geschieht, indem es beide Fäuste mit senkrecht ausgestreckten Zeigefingern hochhält und die Finger mit einem „bing bing bing" waagerecht schließt. Sobald die Lok vorbeigefahren ist, öffnet sich die Schranke wieder.
2. Nach dem Schließen der Schranke bremst ein Auto („quiiieeetsch") und fährt erst wieder an, wenn die Lokomotive passiert hat und die Schranke geöffnet wurde („brumm").
3. Ein Fußgänger kommt nach dem Auto an der Schranke an (latsch, latsch, latsch) und geht erst nach der Lokomotive, der Öffnung der Schranke und nach dem Auto weiter (latsch).
4. Das Szenario lässt sich beliebig weiterspinnen!

Sprechspiele

Im Folgenden werden Spiele vorgestellt, bei denen mit viel Spaß und Phantasie Texte nachgesprochen oder aber mehrfach wiederholt werden. Die Kinder lernen dabei ganz spielerisch die richtige Artikulation von Worten.

Joe

Alle Kinder stehen im Kreis. Sie sprechen der Spielleiterin rhythmisch den folgenden Text nach und bewegen dabei verschiedene Körperteile:

1. Die Kinder drehen mit der Hand pantomimisch einen runden Knopf.
   Text: *Hallo, mein Name ist Joe*
   und ich arbeite in einer Knopffabrik.
   Eines Tages kam mein Chef zu mir.
   Er fragte: „Bist du beschäftigt?" Ich sagte: „Nein."
   Er sagte: „Dreh den Knopf doch mit der anderen Hand!"

2. Die Kinder drehen den „Knopf" mit beiden Händen.
   Text: wie oben
   Er fragte: „Bist du beschäftigt?" Ich sagte. „Nein."
   Er sagte: „Dreh den Knopf doch mit dem Oberkörper!"

3. Die Kinder bewegen die Hände und den Oberkörper.
   Text: wie oben
   Er fragte: „Bist du beschäftigt?" Ich sagte. „Nö."
   Er sagte: „Dreh den Knopf doch mit dem Bein!"

4. Die Kinder bewegen gleichzeitig alles Genannte.
   Text: wie oben
   Er fragte: „Bist du beschäftigt?" Ich sagte. „Nö, warum?"
   Er sagte: „Dreh den Knopf doch mit dem ganzen Körper!"

5. Die Kinder bewegen den ganzen Körper.
   Text: *wie oben*
   Er fragte: „Bist du beschäftigt?" Ich sagte. „Jaaaaa!"

Die Kinder lassen sich fallen!

Pferderennen

Kinder lieben Geschichten, an denen sie aktiv teilnehmen können. Das Pferderennen lebt von einer phantasievoll ausgeschmückten Geschichte, bei der es neben vorher geübten Bewegungen auch immer wieder Überraschungen gibt. Die Kinder spielen dabei die Pferde! Das Rennen wird natürlich recht schnell kommentiert.

Die Kinder, die im Kreis oder in Reihen nebeneinander knien, hören den spannenden Pferderennbericht der Spielleiterin und bewegen sich dazu wie folgt:
- Galopp: mit den Händen auf die eigenen Oberschenkel klopfen
- Kleine Kurve: nach rechts lehnen
- Große Kurve: nach links lehnen
- Ochser: Arme strecken und mit dem Körper hochrecken
- Doppelochser: wie oben, nur zweimal
- Gerangel: böse nach rechts und links gucken; vorsichtig rangeln
- Wassergraben: mit den Fingern die Unterlippe bewegen und „uuuuu" rufen, mit beiden Händen auf die Oberschenkel klopfen (platsch)

- Holzbrücke: mit den Fäusten gegen den eigenen Brustkorb klopfen
- Zuschauertribüne: wildes Winken und Applaudieren
- Fotografen: mit einem imaginärem Fotoapparat knipsen
- Zielfoto: breites Grinsen

Möglicher Einstieg:
„Wer von euch war denn schon einmal bei einem Pferderennen? – Und, hat es euch da gefallen? – Also, ich war auch schon einmal auf einer Pferderennbahn und fand es eigentlich nicht ganz so spritzig, wie ich es mir vorher ausgemalt hatte. Da rennen die Pferde pausenlos wie wild im Kreis herum und mir wurde beim Zusehen kalt und schwindelig. Ziemlich langweilig eigentlich. Plötzlich kam mir eine Idee! Wie wär's denn, wenn wir selbst mal die Pferde beim Rennen wären! Keine Langeweile, keine Kälte, kein Schwindel! Bevor wir starten, geb ich euch noch ein paar wichtige Pferdetipps. Wer richtig schnell geloppieren will, klopft mit den Händen kräftig auf die Oberschenkel. Probiert es mal aus."
Zur Geschichte sollte das aufgeregte Warten in der Startbox (mit Hufen scharren, rechts und links Gegner kritisch angucken), eine spontane Fresspause (Arme gestreckt Richtung Boden: quiiieeetsch, mampf), kritische Begutachtung der Gegner, und vor allem die gleichzeitige Überschreitung der Ziellinie gehören!

Das rosarote Sofa

Die Kinder sitzen im Stuhlkreis. Ein Kind hat neben sich auf beiden Seiten einen freien Stuhl stehen. Dieses Kind beginnt und sagt: *„Ich sitze auf dem rosaroten Sofa und denke an / träume von ... (z. B. Urlaub!)"* Alle anderen Kinder, denen etwas zu dieser Situation einfällt, dürfen versuchen, einen der zwei leeren Plätze zu erwischen.

Sitzen zwei Kinder auf den freien Stühlen, sagen sie nacheinander ihren Gedanken, z. B. *„Ich bin das Meer"* und *„Ich bin die Sonne"*. Das mittlere Kind darf nun wählen, was ihm besser gefällt oder besser zu seinem Traum passt. Dieses Kind wechselt dann in die Mitte der drei Stühle und ist neuer Denker / Träumer. Die anderen beiden Kinder setzen sich auf die freien Stühle im Kreis.

Das ist ein Klavier

Material:
Ein Löffel und ein Apfel oder zwei andere Gegenstände

Im Stuhlkreis gibt die Spielleiterin einen Löffel mit den Worten: *„Das ist ein Klavier!"* zur rechten Nachbarin weiter. Diese fragt: *„Wie bitte? Das ist ein was?"* Die Spielleiterin antwortet: *„Das ist ein Klavier!"* Nun gibt die Nachbarin den Löffel samt Satz an die nächste Nachbarin weiter. Auch die vergewissert sich und fragt noch einmal nach. Jetzt stellt die erste Nachbarin diese Frage aber auch wieder der Spielleiterin, und bekommt daraufhin die richtige Antwort, die an die zweite Nachbarin weitergegeben wird. Somit wird die Rückfrage immer wieder an die Spielleiterin zurückgegeben und alle sind am Spiel aktiv beteiligt.

Erst, wenn alle die Spielmethode verstanden haben, wird in die linke Richtung ein Apfel und ein zweiter Satz, z. B. *„Das ist eine Maus."* geschickt. Treffen sich beide Sätze, wird es turbulent!

Variation:
Die Sätze wandern ohne Gegenstände, an denen man sich „festhalten" kann. Es wird dadurch schwieriger, da jetzt rein kognitiv gearbeitet wird.

Zwei Elefanten

Alle Kinder üben im Sitzkreis das rhythmische Händeklatschen und Oberschenkelklopfen im Wechsel. Klappt es, wird folgender Text gemeinsam gesprochen:

Zwei Elefanten, die sich gut kannten, hatten vergessen, ihr Frühstück zu essen. Da sagt der eine: „Was ich jetzt brauch, ist ... (Die Spielleiterin zeigt auf ein Kind, welches seine Lieblingsspeise nennt, z. B. Schokolade, und alle sprechen weiter.) *... in meinem Bauch!" Da sagt der andere: „Ich auch!"*

Daraufhin beginnt der Text von vorne. Das Kind, das „Schokolade" genannt hat, darf sich nun ein neues Kind auswählen, das wiederum seine Lieblingsspeise verrät.

Variation:
Dieser Spruch eignet sich hervorragend als Tischspruch beim Mittagessen. Ein Kind wird vorher ausgewählt und darf detailliert das Mittagessen beschreiben.

Das ist mein Knie

Alle Kinder sitzen im Stuhlkreis und wiederholen bekannte Körperteile. Nach dieser Vorbereitung zeigt die Spielleiterin auf ein Körperteil (z. B. ihren Arm) und sagt dazu z. B. „Das ist mein Knie." (benennt also ein anderes Körperteil). Danach bestimmt sie ein Kind, das jetzt auf das Knie (zuletzt genannt) deutet, gleichzeitig aber ein anderes Körperteil nennt, z. B. „Das ist meine Nase.". Im weiteren Verlauf zeigen die Kinder immer auf das zuvor gesagte Körperteil und nennen ein anderes, auf das danach gezeigt wird.

Mehrzahl-Memory

Material:
Memoryspiel,
zwei Zahlenwürfel

Bei dieser Sprach-Bewegungs-Staffel spielen zwei Mannschaften gegeneinander. Die ersten zwei Läufer würfeln und rufen das Würfelergebnis den anderen Gruppenmitgliedern hinter sich zu. Die Gruppen hüpfen entsprechend der Würfelzahl in die Luft. Die Läufer starten sofort nach der Nennung des Ergebnisses zur anderen Seite des Raumes, wo zwei Memorykartenstapel liegen. Jeder nimmt sich von seinem Stapel eine Memorykarte, rennt zum Spielleiter, der zwischen beiden Stapeln steht, und nennt ihm korrekt das abgebildete Symbol in der Mehrzahl. Erst nach richtiger Nennung dürfen die Kinder mit der Karte zurück zur eigenen Mannschaft, wo der nächste Läufer abgeschlagen wird. Nach der Staffel werden in Ruhe alle Karten noch einmal von allen Läufern in der Mehrzahl genannt.

Variation:
Diese Spielidee lässt sich natürlich auch mit entsprechenden Artikeln, Gegensätzen, Farben usw. spielen. Ältere Kinder können die Wörter auch aufschreiben!

Fingerspiele

Hick und Hack

Dieses Fingerspiel wird mit beiden Daumen gespielt. Einer heißt Hick, der andere Hack. Die aufgestellten Fäuste bilden das Zwergenhaus. Die Bewegungen ergeben sich aus dem Text.

*Hick und Hack, die beiden,
können sich gar nicht leiden.
Sie rufen sich und knuffen sich,
so richtig zwergenfürchterlich.
Sie strecken sich die Zunge raus „bääää",
bis Hick weint und läuft in's Haus.
Da sieht auch Hack ganz traurig aus
und klingelt an dem Zwergenhaus „klingklong".
Du, Hick, hör was ich sag,
wir streiten nur noch Donnerstag.
Hey, da freut sich Hick aber sehr
und Hack noch viel mehr!*

Die Nadel und der Luftballon

Ein Zeigefinger spielt die Nadel, die andere Hand spielt als Faust den Luftballon.

*Die Nadel sagt zum Luftballon:
Du bist rund,
ich bin spitz.
Jetzt machen wir beide
einen Witz.
Ich weiß ein lustiges
Schnettereteng:
Ich mache pick
und du machst peng!*

Josef Guggenmos

Bewegte Begriffe

Der Text wir im Kreis stehend gesprochen oder gesungen und zeitgleich pantomimisch dargestellt:

Erst kommt gerade, dann kommt schief,
erst kommt hoch und dann kommt tief,
erst wird's dunkel, dann wird's hell,
erst geht's langsam, dann geht's schnell.

Das ist meine Nase, das ist mein Bauch,
das sind die Hände, Füße hab ich auch,
das sind die Ohren, davon hab ich zwei,
das sind die Haare, das sind mehr als drei.

Fünf kleine Affen

Eine geöffnete Hand spielt die Affen, die durch das Krokodil (zweite Hand) immer weniger Finger zeigt.

Fünf kleine Affen saßen auf 'nem Baum, sie ärgerten das Krokodil:
„Du fängst uns kaum, du fängst uns kaum!"
Da kam das große Krokodil ... schnapp, schnapp!

Vier kleine Affen saßen auf 'nem Baum, sie ärgerten das Krokodil:
„Du fängst uns kaum, du fängst uns kaum!"
Da kam das große Krokodil ... schnapp, schnapp! u.s.w.

Kein kleiner Affe saß mehr auf dem Baum und ärgerte das Krokodil:
Da kam das große Krokodil ... rülps, rülps!
Fünf kleine Affen, saßen auf dem Baum!

Schau her, heut bist du nicht allein

Bei diesem Spiel können die Kinder mit allen Fingern den eigenen Körper kennen lernen.

Schau her, heut bist du nicht allein,
zehn Finger laufen klitzeklein,
laufen mit dir durch den Tag,
ein jeder dich sehr gerne mag.
Der Daumen tickt die Nase an,
nun kommt der Nachbarfinger dran.
Er tippt ganz leicht an deinen Zeh,
er ist ganz sanft, es tut nicht weh.
Der lange Finger kann das auch,
er tippt ganz sacht auf deinen Bauch.
Schau dir nun diesen Finger an,
was der so alles machen kann.
Er tippt mal hier, mal da, mal dort,
er steht nie still an einem Ort.
Der kleinste Finger, dieser Wicht,
der mag das Tippen heute nicht.
Er streichelt langsam nur dein Bein.
Und plötzlich ist er nicht allein!
Schau her, wer kommt da angerannt?
Es sind die Finger einer Hand.
Sie rutschen nun ganz frisch und munter,
an deinem Körper rauf und runter.
Nun sind sie müde, gehen nach Haus.
Das schöne Spiel, das ist jetzt aus!

Ingrid Biermann

Es regnet

Die Finger einer Hand werden nach und nach vorgestellt. Der Regenschirm wird durch die halbmondförmige andere Hand über den kleinen Finger gebildet.

Der Daumen sagt: „Es regnet, da werd ich nass."
Der Zeigefinger sagt: „Es regnet, das macht mir keinen Spaß."
Der Mittelfinger sagt: „Es regnet, da geh ich nicht raus."
Der Ringfinger sagt: „Es regnet, da bleibe ich zu Haus."
Der kleine Finger aber, der will nicht länger warten,
er holt sich einen Regenschirm und läuft gleich in den Garten!

Der Tiger Raschnipur

Die Kinder sitzen im Stuhlkreis und bewegen die Hände wie folgt zum Text, der von der Spielleitung Zeile für Zeile vorgesprochen und von den Kindern jeweils wiederholt wird.

Tief im Dschungel	auf die Oberschenkel klopfen
schleicht der Tiger Raschnipur,	über die Oberschenkel reiben
ist auf seiner Dschungel-Tour,	auf die Oberschenkel klopfen
ist so furchtbar hungrig,	den Bauch reiben
unser Tiger Raschnipur	auf die Oberschenkel klopfen
holt sich jetzt ein Steak.	bei „Steak" laut schreien und fest in die Hände klatschen

Füßchengrüße

Alle Kinder sitzen im Stuhlkreis und strecken ihre möglichst nackten Füße in die Kreismitte.

Wenn wir heute Leute grüßen,
tun wir's heut mal mit den Füßen!
Guten Tag und Gott zum Gruß,
kommt wir schütteln uns den Fuß!

Und nun schmusen wir ein bisschen,
ich geb dir ein Zehenküsschen!
Guten Tag und Gott zum Gruß,
Küsschen, Küsschen mit dem Fuß!

Wenn sich Tausendfüßler grüßen,
grüßen sie mit tausend Füßen!
Guten Tag und Gott zum Gruß,
tausendmal Herr Tausendfuß!

Tschüß, wir müssen leider gehen!
Tschüß, wir wackeln mit den Zehen!
Lebt nun wohl und Gott zum Gruß,
winke, winke mit dem Fuß!

Spiele zur Wahrnehmungsförderung

„Kinder sind eigensinnig, können mit ihrem Frohsinn anstecken und manchmal auch leichtsinnig sein, erkennen scharfsinnig, lieben den Blödsinn und sind für jeden Unsinn zu haben. Wo Kinder sind, sind auch Sinne im Spiel!" (Renate Zimmer, 1995)
Überall, wo Bewegung stattfindet, sind unsere Sinne beteiligt, da wir uns ohne sie gar nicht bewegen könnten. So können wir unsere Welt nur dann verstehen, wenn wir sie im wahrsten Sinne des Wortes „begriffen" haben! Und zu diesem Begreifen gehört nicht nur der taktile Sinn (tasten), sondern weitere sechs Sinne, die Voraussetzung für die Bewältigung unseres Lebens sind. Nur mit Hilfe des vestibulären (Gleichgewicht), kinästhetischen (Tiefensensibilität), visuellen (sehen), auditiven (hören), olfaktorischen (riechen) und gustatorischen (schmecken) Sinns können wir Außenreize und Informationen aus der Umwelt aufnehmen.

Mit der folgenden Geschichte möchte ich eine praktische Möglichkeit vorstellen, den Kindern die sieben Sinne kindgerecht zu erklären.

Die Hurzels auf Sinnessuche

Habt ihr schon mal einen Hurzel gesehen? Ihr werdet es nicht glauben, aber ich weiß, dass es sie gibt! Als ich ungefähr so alt war wie ihr, hat sich mir doch tatsächlich einmal einer vorgestellt!

Ich stand damals vor unserem Kühlschrank und wollte mir meinen Lieblingsjogurt herausnehmen, als eine ziemlich knarzig lautende Stimme plötzlich sagte: „Das ist ja wohl ungerecht, du holst dir so'n tolles Ding und ich krieg sowas niiieee!"
Absolut erschrocken blickte ich mich um und sah auf unserer Arbeitsplatte ein minikleines Etwas mit langen orangen Haaren, einer kugelrunden Clownsnase, riesigen Ohren und ganz schlacksigen langen Armen! Beine sah ich keine, nur einen komisch birnenförmigen Körper auf dem das Etwas hin- und herrutschte.

Ich wollte mich gerade verstecken, da sprach das Etwas weiter: „Nun hab mal keine Angst! Ich tu dir doch gar nichts! Ich bin doch nur ein kleiner Hurzel und ... " „Ein kleiner was?", fragte ich völlig verwirrt. „Na ein Hurzel! Mein Name ist Hurz und ich lebe mit vielen anderen Hurzeln hier bei euch auf der Erde, ohne dass uns die Menschen sehen. Na ja, zumindest hat uns bisher hier keiner gesehen!"
„Ja, und woher kommt ihr und was wollt ihr und wieso seh ich gerade dich jetzt?", fragte ich noch immer ganz durcheinander und verschreckt.

„Wir Hurzels kommen aus einem Land, das ihr Menschen überhaupt nicht kennt. Es ist das UNSINNLAND!"
„Das ist ja wohl der Knaller!", sagte ich, nachdem ich den ersten Schreck überwunden hatte. „Im UNSINNLAND würde ich mich

wohl auch wohl fühlen. Macht ihr da etwa den ganzen Tag nur Quatsch und Unfug?"
"Ja, das ist der große Vorteil an unserem Land! Dort haben wir wirklich 'ne ganze Menge Spaß! Aber der Nachteil unserer Heimat macht uns ziemlich traurig und das ist auch der Grund, weshalb wir hier bei euch auf der Erde sind! Wir kennen nämlich in unserem Land keine SINNE und deshalb heißt unser Land Un-Sinn-Land!"

"Keine Sinne?", fragte ich verwundert. "Ja, leider,", bestätigte Hurz "und das macht euch Menschen so einzigartig! Wir wollen endlich herausfinden, welche Sinne ihr habt und wie sie heißen!"
"Und warum?", fragte ich vorsichtig.
"Vielleicht gibt es ja irgendeinen Weg, auch an so geniale Sinne zu kommen. Ihr könnt mit euren gigantischen zwei Kreisen im Gesicht alles sehen, na ja bis auf Hurze natürlich."

"Du meinst die AUGEN!"
"Ja, das ist ein toller Sinn, um den ich euch ziemlich beneide!" – Dann habt ihr wunderbare Körperteile, mit denen ihr hört!"
"Die OHREN.", warf ich ein.
"Alles was ihr esst, schmeckt euch entweder gut oder schlecht!"
"Ja, das merkt die ZUNGE, was wir mögen und was nicht!"
"Dann könnt ihr riechen, wenn euch was stinkt!"
"Richtig, dafür haben wir unsere NASE und die funktioniert prima, wenn nicht gerade ein dicker Schnupfen drinnen steckt!"

"Ihr könnt Dinge begreifen und ihr merkt auch, wenn euch einer streichelt, und ich glaube, dass das ein tolles Gefühl sein kann, gestreichelt zu werden."
"Ja, das stimmt.", sagte ich zufrieden. "Mit unseren HÄNDEN können wir alles anfassen und so besser kennen lernen und die HAUT und das Gehirn sagten uns, wann Streicheln toll ist."

*Der kleine Hurz lehnte sich zurück, holte tief Luft und sagte dann: „Und weißt du, was ich bei den Menschen am tollsten finde?"
„Nein." sagte ich, denn mehr als die fünf Sinne, die er aufgezählt hatte, kannte ich nicht.
„Am meisten beneide ich an euch, dass ihr Schaukeln könnt und mit dem Roller und dem Fahrrad fahren und dass ihr sogar auf einem Bein stehen könnt."
„Na ja", sagte ich, „diese Dinge sind gar nicht so einfach, das müssen wir doch auch erst einmal lernen." Dafür muss man das GLEICHGEWICHT halten können."
„Das stimmt, aber ihr könnt es lernen, wenn ihr denn wollt!"*

*In diesem Moment kam meine Mutter in die Küche und fragte mich, warum ich bei geöffnetem Kühlschrank mit langsam auslaufendem Jogurt in der Hand so komischen Quatsch erzählen würde. Etwas genervt sagte sie: „Auch wenn du nicht hinsiehst, sagt dir dein Körper doch, wie du deinen Arm hältst, und so, wie du das gerade machst, muss er auslaufen, du Träumerchen!" Dann sagte sie noch irgendwas von KÖRPERSINN oder so, aber ich verstand nur Bahnhof und war mit meinen Gedanken nur noch bei dem Hurz, den ich überall suchte und nicht mehr fand.
Traurig sah ich meine Mutter an, wischte den Boden auf und setzte mich mit dem restlichen Jogurt an den Tisch.*

Ich habe seit diesem Tag nie wieder einen Hurz gesehen und das hat mich erst einmal ganz schön traurig gemacht! Schon bald darauf wurde ich aber immer glücklicher und ziemlich stolz über mein Hurzel-Geheimnis! Ich bin mir sicher, dass es sie gibt und dass der kleine Hurz jetzt wenigstens weiß, wie unsere sieben Sinne heißen.

Spiele zur Wahrnehmungsförderung

„Best of" der Sinnesspiele

Aus der enormen Anzahl geeigneter Spiele zur Förderung der Sinneswahrnehmung werden im Folgenden die meiner Erfahrung nach schönsten sieben Sinnesspiele vorgestellt.

Körpermikado
(Tastempfinden / Taktile Sinneswahrnehmung)

Material:
Viele Bierdeckel,
für jeweils 5 Kinder
eine Decke

Die Kinder bilden Gruppen mit jeweils fünf Kindern. Ein Kind jeder Gruppe legt sich bäuchlings auf eine Decke, die anderen setzen sich um das liegende Kind. Sie verteilen nun nacheinander ca. 20 Bierdeckel auf dem Körper und zwar so, dass sie jeden Bierdeckel ein wenig andrücken. Das liegende Kind darf währenddessen die Körperteile benennen, die es spürt. Sind alle Deckel verteilt, wird nach bekannten Regeln Mikado gespielt: jeder Spieler darf so lange Deckel von dem Körper nehmen, bis das liegende Kind „Stopp" sagt und das Körperteil nennt, von dem der wahrgenommene Deckel weggenommen werden sollte. Der Spieler darf sich diesen Deckel noch nehmen und lässt dann den nächsten Spieler starten.

Variation:
Anstelle von Bierdeckeln eignen sich besonders für kleinere Kinder Kastanien, Steine, Bauklötze usw., da sie vom liegenden Kind besser wahrgenommen werden können. In der kalten Jahreszeit sollte man mit schwereren Materialien spielen, da die Kinder dicker angezogen sind.

Die Ritterburg
(Tiefensensibilität / Kinästhetische Sinneswahrnehmung)

Die Hälfte der Gruppe verlässt den Raum. Alle restlichen Kinder stellen sich in einen sehr engen Kreis und legen die Arme auf die Schultern der Nachbarn. Der entstandene Kreis stellt die Ritterburg dar. Alle Kinder (Mauerteile) denken sich nun einen taktilen Reiz aus, der hinten an der Körperrückseite von den anderen Kindern (Ritter) ausgeführt werden könnte (z. B. über die linke Kniekehle streicheln). Nun wird die andere Gruppenhälfte (Ritter) in den Raum gerufen und darf an der Körperrückseite der „Mauerteile" der Burg alles an taktilen Reizen ausprobieren, was nicht weh tut! Nur, wenn ein Ritter den abgesprochen Reiz herausfindet, fällt das entsprechende Mauerteil (das Kind duckt sich). Da die Ritter miteinander reden dürfen, kann das Ergebnis weitergegeben werden. Sind alle Mauerteile gefallen, dürfen die Ritter die Burg stürmen, in die Kreismitte gehen und einen Freudenschrei loslassen.

Die Geschichte von Gisela und Gerd Gleichgewicht
(Gleichgewicht / Vestibuläre Sinneswahrnehmung)

Die Kinder spielen die erzählte Bewegungsgeschichte mit ihren Füßen im Stehen, wobei der linke Fuß Gisela spielt und der rechte Fuß die Rolle von Gerd übernimmt. Der „Gisela-Fuß" kann ggf. mit einer kleinen Schleife gekennzeichnet werden. Immer, wenn von einer Person erzählt wird, stehen die Kinder ausschließlich auf diesem Fuß. Am Schluss springen die Kinder hoch, ggf. auch auf eine weiche Matte und ruhen sich aus.

Gisela und Gerd sind ein uraltes Paar,
sie leben fast schon hundert Jahr!
Gisela ist fit wie ein Turnschuh und springt so gern,
Gerd hält sich am liebsten von der Bewegung fern.
Er sitzt vor dem Fernseher den ganzen Tag,
und Gisela hüpft, weil sie das so mag!
Doch kurz vorm hundertsten Geburtstag hat Gerd einen Traum,
er träumt vom Springen, man glaubt es kaum.
Und er hat im Traum soviel Spaß dabei,
dass er nur noch springt, und das Ruhen ist vorbei!
Seitdem springen die beiden abwechselnd herum,
und wenn sie abends müde sind,
dann springen sie in's Bett – BUMMMMM!

Chaos auf dem Bauernhof
(Hören / Auditive Sinneswahrnehmung)

Jedes Kind erhält eine Spielkarte, von denen es jeweils zwei gleiche gibt, und soll mit Hilfe des Tiergeräusches den passenden Partner suchen. Zum Spielbeginn wird die Situation auf dem Bauernhof geschildert:
„Es ist fürchterlich neblig und die Muttertiere rufen nach ihren Jungen, weil es Abendessen geben soll!"
Die Kinder auf einer Raumseite sind die Mütter, die nach dem Kommando *„Abendessen!"* die Kinder, die mit geschlossenen Augen auf der anderen Seite stehen, in der Tiersprache rufen. Die „Tierkinder" orientieren sich nach dem Geräusch des jeweiligen Muttertieres und kommen ihm mit geschlossenen Augen langsam näher, bis sich alle Paare gefunden haben.

Die Paare überprüfen kurz, ob sie genau das gleiche Geräusch für das jeweilige Tier gemacht haben. Daraufhin trennen sich die Paare wieder und stellen sich erneut an zwei gegenüberliegende Raumwände.
In einer weiteren Spielrunde rufen dann die Tierkinder nach ihrer Mutter.

Variation:
„Tierkinder" und „Muttertiere" schließen die Augen und versuchen nun, beide rufend, sich in der Mitte des Raumes zu treffen. Wichtig ist dabei, dass zwei unbeteiligte Beobachter die Seitenwände sichern und „Querläufer" abfangen.

Material:
Spielkarten mit Bauernhoftieren

Spiele zur Wahrnehmungsförderung

Die Zeitungsclowns
(Sehen / Visuelle Sinneswahrnehmung)

Material:
Zwei Zeitungsbögen,
zwei dicke farbige Stifte

Auf jede Zeitung wird auf die obere Hälfte ein Clownsgesicht gemalt. Nachdem sich die Kinder für einen Zeitungsclown einen Namen ausgedacht haben, überlegen sie mit dem Spielleiter, welche Bewegungen ein solcher Clown durchführen kann, wenn man ihn an der oberen Zeitungsseite festhält und ihn bewegt. Zusammen werden diese Bewegungen ausgeführt und benannt: hüpfen, gehen, auf einem Bein springen, hinsetzen, hinlegen (auf den Bauch, auf den Rücken), kullern, drehen usw. Kennen die Kinder die Bewegungsformen, wird der Clown nun ohne Anweisungen bewegt und die Kinder, die in einer Reihe nebeneinander stehen, bewegen sich entsprechend. Nach kurzer Zeit kann er sich auch seitwärts und vor- und rückwärts bewegen!

Etwas schwerer, aber viel spannender wird es, wenn die Freundin des Clowns (zweiter Zeitungsbogen mit andersfarbigem Clownsgesicht) erscheint und sich mit dem ersten Clown bewegt. Dazu werden den Kindern die verschiedenen Clownsnamen im Wechsel zugeteilt, so dass jeweils zwei Kinder, die nebeneinander stehen, gemeinsam die zwei Clowns darstellen. Plötzlich geht ein Clown nach vorne, der andere bewegt sich zurück; ein Clown setzt sich, der andere springt über ihn; beide drehen sich zueinander und begrüßen sich usw. Zum Abschluss des Spiels eignet sich entweder ein ruhiges Hinlegen der beiden Clowns, oder aber ein recht lebhaftes „zur Seite Kullern" aller Clowns gleichzeitig.

Der Schnüffel-Detektiv
(Riechen / Olfaktorische Sinneswahrnehmung)

Zu Spielbeginn wird ein Detektiv bestimmt, der kurz den Raum verlässt. Ein Kind wird zum Creme-Dieb ernannt und bekommt als Erkennungszeichen etwas Creme auf eine Hand gerieben.
Erste Spielmöglichkeit: Alle Kinder bilden eine Gasse; der Schnüffeldetektiv soll mit geschlossenen Augen (Halstuch über Kopf legen, so dass die Augen verdeckt sind) durch die Gasse gehen und möglichst nah bei dem Creme-Dieb stehen bleiben.
Zweite Spielmöglichkeit: Alle Kinder laufen durch den Raum und der Schnüffel-Detektiv (der bereits gut geschult sein muss) soll laufend (und natürlich sehend) den Dieb erschnuppern und ggf. fangen.

Material:
Eine Dose Nivea-Creme

Die Erdbeer-Detektiv-Bande
(Schmecken / Gustatorische Sinneswahrnehmung)

Die Kinder stellen selbstständig Obstspieße aus Bananen, Trauben, Mandarinen, Erdbeeren und was sich sonst noch gut aufspießen lässt her, wobei sie auf jeden Spieß ein bis zwei Erdbeeren stechen sollten. Alle anderen Obstsorten sind frei wählbar. Die Kinder schließen die Augen und erhalten dann jeweils einen (ggf. nicht den eigenen) Spieß (Spitze kurz abfeilen). Die Aufgabe besteht darin, das Obst so lange mit geschlossenen Augen zu essen, bis die Erdbeere erkannt wird. In diesem Moment darf jedes Kind die Augen öffnen und selbst kontrollieren, ob es die Erdbeere tatsächlich richtig erkannt hat.

Material:
Holzspieße, verschiedene Obstsorten

Spiele zur Förderung der Körperwahrnehmung

Hubschrauber mit Herz

Material:
Ein Heulrohr pro Kind, möglichst viel Platz

Jedes Kind erhält ein Heulrohr (im Kindergarten-Fachhandel, im Sporthandel oder als Drainagerohr im Baumarkt erhältlich) und verwandelt sich automatisch nach Erhalt des Rohres in einen Hubschrauber. Nach einem kurzen TÜV-Check (alle Türen geschlossen, keine Kleinteile lose, genügend Benzin) starten die Rotoren erst einmal im Stand, bevor sich die Hubschrauber auf einen Probeflug begeben. Ist auch dieser unfallfrei gelungen, darf jedes Kind so schnell fliegen, wie es möchte. Nach einer Weile landen alle Kinder zeitgleich auf dem Flugplatz und überprüfen ihren Motor. Dazu hält jedes Kind ein Ende des Rohres an ein Ohr, das andere Ende gegen die linke Brust, so dass das eigene Herz gut hörbar ist. Jeder, der sich bewegt hat, wird mit Leichtigkeit den eigenen Motor gut hören können.
Im Anschluss an dieses Spiel sind die Kinder oft sehr interessiert an einem Gespräch über das menschliche Herz.

Körperpuzzle

Den Würfelzahlen 1 bis 6 werden verschiedene Körperteile zugeordnet. Würfelt ein Kind nun eine Zahl, so berühren alle mit dem entsprechenden Körperteil den Boden und nennen es dabei laut. Sinnvoll ist es, den Zahlen erst nach und nach Körperteile zuzuordnen, d. h. dass erst beim Würfeln einer neuen Zahl zusammen mit den Kindern ein Körperteil für die Zahl festgelegt wird.

Material:
Ein Schaumstoffwürfel

Schlappi Schlapp und Manfred Muskel

Alle Kinder bewegen sich zur Musik durch den Raum. Sobald die Musik stoppt, wird ein Spezial-Typ mit bestimmten Bewegungsmuster genannt, den alle bis zum nächsten Musikbeginn nachspielen. Neben „Schlappi Schlapp" (möglichst „gummimäßig" laufen) und „Manfred Muskel" (Muskelprotz) haben die Kinder schnell weitere Namen erfunden (Katrin Kurve, Eckbert Ecke, Didi Dick, Robert Roboter, Knut Klein, Rainer Riese …)

Material:
Musik

Körper-Wirrwarr

Bei diesem Spiel geht es recht chaotisch zu, obwohl alle im Kreis sitzen bzw. stehen und sich eigentlich nicht viel bewegen. Ein Spieler beginnt und zeigt auf eines seiner Körperteile, z. B. das Knie. Dazu sagt er jedoch: „Das ist mein Bauch!" Daraufhin zeigt er auf einen weiteren Mitspieler im Kreis, der blitzschnell auf den eigenen Bauch zeigen soll, dabei jedoch wieder ein anderes Körperteil nennt. Dieses Spiel funktioniert nur dann, wenn alle aufmerksam zuhören und sich konzentrieren. Gelingt dies, ist viel Spaß vorprogrammiert!

Spiele zur Förderung der Körperwahrnehmung

„Das bin ja ich!"

Material:
Pro Kind ein Handspiegel

Jedes Kind bewegt sich mit seinem Spiegel in der Hand durch den Raum. Sobald das Kommando „Stopp, das bin ja ich!" gerufen wird, bleiben alle Kinder stehen und sehen in den eigenen Spiegel. Der Spielleiter nennt daraufhin ein Körperteil, welches sich die Kinder möglichst schnell durch den Spiegel am eigenen Körper ansehen sollen.

Variation:
Wird das Kommando „Stopp, das ist ja ein anderer!" gerufen, bilden die Kinder Paare und sehen sich jeweils den Partner durch den eigenen Spiegel an. Auch zu zweit kann daraufhin ein Körperteil genannt werden, das die Kinder durch den eigenen Spiegel beim Partner finden können.

Körperteile-Renn-Memory

Die mit den verschiedenen Körperteilen (Beine, Arme, Augen, Kopf, Po, Ohren, Hände, Füße, Bauch usw.) bemalten Pappkarten werden verdeckt an den Hallenwänden aufgeklebt.
Die Kinder bewegen sich frei durch den Raum und zählen dabei laut bis 10. Dann bleiben sie stehen. Die Spielleiterin nennt nun ein Körperteil bzw. beschreibt dieses. Jedes Kind darf zu einer Pappkarte laufen, unter der es das entsprechende Körperteil vermutet. Nacheinander werden alle Pappkarten aufgedeckt und die Ratesieger erhalten ggf. einen Punkt. Bei jedem weiteren Durchgang steigen die Chancen auf einen Punkt, wenn sich die Kinder an bereits aufgedeckte Pappkarten mit Körperteilen erinnern.

Material:
DIN A-4-Pappkarten mit Abbildungen von Körperteilen

Steiny's Lieblingsplatz

Die Kinder gehen paarweise zusammen. Ein Kind legt sich in Bauchlage auf die Decke. Sein Spielpartner hockt sich daneben und legt einen Stein mit angenehmem Druck auf ein Körperteil des liegenden Kindes, welches das Körperteil nun benennt. Nach und nach werden so bis zu zehn Steine (abhängig von der Konzentrationsfähigkeit des liegenden Kindes) auf dem Körper verteilt. Im Anschluss wird die Musik zum ruhigen Abnehmen der Steine etwas lauter gedreht.
Tipp für die kältere Jahreszeiten: Die Steine im Ofen anwärmen.

Material:
Eine Decke für jeweils zwei Kinder, mehrere Steine, Entspannungsmusik

Körper-Potpourri

Im Kreis stehend beginnt ein Spieler rhythmisch mehrere Körperteile zu benennen, die er gleichzeitig am eigenen Körper berührt. Denkt er sich z. B. die Kombination „Auge, Auge, Nase, Mund" aus, berührt er nacheinander die besagten Körperteile. Sobald er mit seiner Aufzählung fertig ist, zeigt er auf einen anderen Mitspieler, der im ersten Schritt das Gesagte und Gezeigte wiederholt und anschließend eine andere Aufzählung wählen darf. Wer sich beim Aufzählen verhaspelt, rennt einmal um den Kreis und startet neu.

Menschen-Vermessung

Die Kinder haben die Aufgabe, sich gegenseitig zu messen. Dabei hilft ihnen ein Zollstock (alternativ ein Wollfaden) und ein Stück Straßenkreide. Jedes Körperteil, das den Kindern wichtig erscheint, wird erst bei einem Kind gemessen und sofort in Originalgröße auf Asphalt übertragen. Somit entstehen nach und nach die Spiegelbilder aller mitspielenden Kinder auf dem Hof. Damit ein realistisches Bild am Boden erscheint, ist es vorteilhaft, mit dem Vermessen entweder am Kopf oder an den Füßen zu beginnen.

Material:
Zu zweit einen Zollstock, Straßenkreide

Spielort:
Asphaltierter Hof

Spiele zur Förderung des Sozialverhaltens

Atomspiel

Material: Musik

Alle Kinder verwandeln sich in Atome (klitzekleine Teilchen), die zur Musik kreuz und quer durcheinanderflitzen dürfen, sich dabei aber nie berühren. Sobald die Musik stoppt, treffen sich die Kinder in vorgegebenen Gruppengrößen und erfüllen zusammen verschiedene Aufgaben.

Mögliche Gruppenaufgaben:

- Atomgruppe 2: Rücken an Rücken stellen, Arme verschränken, gleichzeitig hinsetzen.
- Atomgruppe 3: Schubkarren: Ein Kind stützt sich mit den Armen auf den Boden, zwei andere heben die gestreckten Beine des Kindes hoch und die Schubkarrenfahrt kann beginnen.
- Atomgruppe 4: Spiegellauf: die Gruppe stellt sich hintereinander in eine Reihe; das vorderste Kind denkt sich zur Musik eine Bewegung aus, die von allen anderen Gruppenmitgliedern imitiert wird.
- Atomgruppe 5: Körperdenkmal: Die Gruppenmitglieder sollen gemeinsam nur mit 5 Füßen, 3 Knien, 2 Popos, 2 Ellenbogen und einer Nase den Boden berühren.

- Atomgruppe 6: alle Kinder sortieren sich so schnell wie möglich der Größe nach.

Das liebe Krokodil am Nil

Alle Kinder sitzen im Langsitz am Schwungtuchrand und halten es in Brusthöhe. Ein liebes Krokodilkind darf unter das Tuch, das sich augenblicklich in den Nil verwandelt, damit sich das Krokodil auch wohl fühlt. Die „Urlauber" lassen demnach gerade ihre Beine im Nil baumeln. Sobald das liebe Krokodil Urlauber zum Spielen in den Nil einladen möchte, wackelt es an deren Füßen. Alle Urlauber, die gerne in den Nil wollen, dürfen daraufhin mit einem Freudenruf abtauchen. Auch sie dürfen andere Urlauber zum Spielen einladen und zwar so lange, bis alle Urlauber im Wasser sind.

Material:
Großes Schwungtuch

Variation:
Natürlich gibt es zu dieser seichten Geschichte noch eine heftigere Version, die dann „Der gefräßige Schreck vom Nil" heißen kann!

Die Reise nach Melasurej

Die Stühle werden so in eine Reihe gestellt, das die Lehnen abwechselnd in die eine und andere Richtung zeigen. In Anlehnung an das Spiel „Die Reise nach Jerusalem" laufen alle Kinder zur Musik um die Stuhlreihe herum. Sobald die Musik stoppt, versucht jedes Kind, stehend einen Platz auf den Stühlen zu erwischen. Nach jeder Runde wird ein Stuhl aus der Reihe genommen, so dass immer weniger Platz auf den Stühlen bleibt. Die Anzahl der Kinder bleibt jedoch konstant, so dass die Gruppe selbst entscheidet, wann der Platz zu eng und so das Spiel beendet ist.

Material:
Ein Stuhl pro Kind, Musik

Der Rangierbahnhof

Mehrere Züge mit jeweils einer Lokomotive und drei Waggons (vier Kinder mit Schulterfassung hintereinander) fahren auf dem großen Rangierbahnhof. Einzelne Waggons dürfen sich an die Züge anhängen. Den Ruck beim Ankoppeln geben sie durch ein Klopfen auf die Schultern des vorderen Waggons weiter. Spürt die Lok das Ankoppeln, löst sie sich vom Zug, so dass sie als freier Waggon an einen neuen Zug ankoppeln darf. Somit wird der erste Waggon des alten Zuges zur neuen Lokomotive, die die Zugstrecke bestimmen darf.

Reifenrennen

Material:
1 bis 4 Reifen

Alle Kinder stehen mit Handfassung in einem Kreis. Ein Reifen hängt über zwei sich festhaltenden Händen. Der Kreis bewegt den Reifen weiter, indem jedes Kind durch den Reifen steigt, ohne dass die Handfassung gelöst wird. Wenn der Reifen ohne Probleme kreist, kann ein weiterer dazu genommen werden, so dass ein Wettspiel entsteht.

Das verhüllte Denkmal

Material:
Eine große Decke

Ein Kind darf unter der Decke ein Denkmal darstellen. Dabei ist es egal, ob das Kind steht, sitzt, kniet oder liegt. Alle anderen vorwitzigen „Kunstliebhaber", die schon vor Enthüllung des Kunstwerkes wissen wollen, wie das Denkmal aussieht, dürfen das Deckendenkmal vorsichtig abtasten und sich so hinstellen, wie ihrer Meinung nach auch das Original steht, sitzt, liegt. Haben alle Kinder eine

Lösung gefunden, wird das Denkmal feierlich enthüllt und mit den Nachahmungen verglichen.

Variation:
Die Kinder spielen in Dreiergruppen. Ein Kind stellt das Original-Denkmal dar, ein Kind spielt „blinden" Bildhauer und ertastet das Kunstwerk, um daraufhin ein Abbild dessen zu schaffen (3. Kind).

Guck mal, wer da guckt!

Alle Kinder knien sich um das Schwungtuch, ziehen es gleichzeitig hoch und legen sich bäuchlings auf den Boden, die Köpfe befinden sich in der Höhle unter dem Tuch. Sobald alle Kinder gut liegen, beginnt das Spiel. Alle Kinder schließen zu Beginn die Augen, dürfen aber gelegentlich „Blinzeln". Ziel des Spiels ist es, möglichst viele Kinder zu entdecken, die die Augen geöffnet haben, ohne selbst beim Blinzeln erwischt zu werden. Jeder, der erwischt wird, darf gerufen werden und sollte sofort die Augen erst einmal wieder schließen, um dann bald darauf weiter nach anderen „Blinzlern" Ausschau zu halten. Das Spiel hat sein natürliches Ende sobald das Höhlendach völlig eingestürzt ist.

Material:
Schwingtuch

Schiffe versenken

Die Kinder bewegen sich als Kapitäne mit ihren Schiffen (Reifen) über das Meer. Zwei Piratenkinder, die mit Kanonenkugeln ausgestattet sind, versuchen, die Schiffe zu versenken. Das gelingt ihnen, sobald sie in einen Reifen getroffen haben. Schiffbrüchige legen ihr Schiff auf den Meeresboden und rufen laut „S.O.S.", so dass sie von intakten Schiffen aufgenommen werden können.

Material:
Ein Reifen pro Kind, zwei kleine Softbälle

Spiele zur Förderung des Sozialverhaltens

Bodyguard

Ein Kind (Fänger) verlässt den Raum. Die anderen verabreden untereinander, welches Kind von ihnen geschützt werden soll. Der Fänger schlägt nun die Kinder nach und nach ab und soll möglichst schnell herausfinden, welches Kind geschützt wird.

Jetzt wird's eng

Material: Langbank

Sechs Kinder stehen auf der Langbank. Nun wird festgelegt, welche Kinder miteinander die Plätze tauschen sollen, ohne den Boden zu berühren. Die Tauschaktion sollte zwar gleichzeitig, aber ohne Wettkampfgedanke stattfinden. Die Bank sollte an beiden Enden von Erwachsenen beschwert werden, damit sie nicht kippt.

Haifangen

Material: Große Matte oder Teppichfliesen

Zwei Kinder mit Handfassung spielen einen gefräßigen Hai. Sobald sie kleine Fische abgeschlagen haben, laufen diese zu einer Fischsammelstelle (Matte) und verwandeln sich zu zweit auch in einen Hai, der gefräßig (und mit Handfassung) auf Fischjagd geht. Das Spiel endet, wenn keine Fische mehr unterwegs sind.

Spiele zur Schulung der Feinmotorik

„Schnick, Schnack, Schnuck" mal anders

Die Kinder stehen sich paarweise im Raum verteilt gegenüber. Mit einem Arm macht jedes Kind kreisende Bewegungen und nennt dabei den Spielvers: Schnick, Schnack, Schnuck. Während das letzte Wort ausgesprochen wird, zeigt jedes Kind mit der spielenden Hand eines von drei vorgegebenen Symbolen:
- Stein = geballte Faust
- Papier = gerade ausgestreckte Hand
- Schere = geballte Faust, bei der jedoch Zeige-, und Mittelfinger ausgestreckt nach vorne gehalten werden

Nur wenn beide Kinder das gleiche Symbol zeigen, dürfen sie mit zwei weiteren Kindern spielen. Auch diese Viererguppe hat nun das Ziel, ohne vorherige Absprache möglichst das gleiche Symbol zu zeigen, um die Gruppe daraufhin wieder zu vergrößern! Ziel ist, möglichst mit der ganzen Großgruppe die „Schnick-Schnack-Schnuck-NUSS zu knacken! Das Spiel fördert neben der Feinmotorik die gegenseitige Wahrnehmung und Sensibilität füreinander.

Spiele zur Schulung der Feinmotorik

Die magnetischen Zauberhände

Material:
Ruhige Musik

Die Kinder stehen sich zu zweit so gegenüber, dass sich ihre nach vorne ausgestreckten Handflächen leicht berühren. Zur Musik bewegt ein Kind langsam aktiv beide Hände zu allen Seiten, das andere Kind lässt seine Hände führen. Nach einiger Zeit und einem Wechsel des „Führungskindes" versucht ein Kind, dem anderen ohne Handberührung mit den Händen zu folgen.

Variation:
Die einzelnen Finger werden spiegelbildlich bewegt.

Stille Rückenpost

Die Kinder sitzen jeweils zu zweit hintereinander im Raum verteilt. Das hintere Kind bekommt eine Form gezeigt oder denkt sich eine Form aus und malt sie auf den Rücken des Vordermanns. Der wiederum malt die erkannte Form auf ein vor ihm liegendes Blatt und vergleicht das Ergebnis mit der Vorgabe bzw. der Idee des hinteren Kindes. Können sich alle Kinder gut auf ihre Rücken konzentrieren, wird die Gruppengröße langsam gesteigert. Jetzt wird die Form von Rücken zu Rücken weiter nach vorne gegeben.
Der unveröffentlichte Rekordversuch für eine Eintragung in das Guinnessbuch der Rekorde liegt übrigens bei 25 Kindern, die mit viel Geduld und Ruhe ihr Ziel erreicht haben, eine Form über 24 Rücken „wandern" zu lassen!

Stiftlose Montagsmaler

Zu Beginn des Spiels werden die Kinder in zwei Mannschaften aufgeteilt, die sich mit einem Abstand vor eine Wand setzen. Aus jeder Mannschaft werden fünf Spieler (Montagsmaler) bestimmt, die gerne und gut malen. Abwechselnd wird aus beiden Mannschaften dem jeweiligem Maler verdeckt eine Spielkarte gezeigt. Der Spieler hat die Aufgabe, die dargestellten Dinge mit dem Finger oder einem Zeigestab langsam auf die Wand zu malen. Die Mannschaft, die zuerst die Darstellung erkannt und richtig genannt hat, bekommt einen Punkt.
Wichtig: Bei diesem Spiel muss der Spielleiter aufmerksam zuhören, um aus dem einsetzenden Gebrüll der Kinder das richtige Wort herauszuhören. Alternativ lässt sich vereinbaren, dass sich die Kinder melden, um ihre Antwort zu formulieren oder dass sie die Ergebnisse selbst auf eine kleine Karte malen und diese dann hochhalten.

Material:
Spielkarten mit einfachen Zeichnungen von Formen oder Gegenständen

Der Farbturm

Material:
Farbwürfel,
Wäscheklammern in
den Würfelfarben

Im Raum werden die Wäscheklammern von den Kindern auf dem Boden verteilt. Der Farbwürfel wird immer wieder gewürfelt und alle Kinder nennen die entsprechende Farbe. Anschließend dürfen die Kinder eine entsprechende Farbwäscheklammer aufheben und behalten. Nach mehreren Durchgängen können die Kinder mit den gesammelten Wäscheklammern Türme bauen.

Variationen:
1. Die Kinder dürfen ihren Turm direkt nach dem Aufheben der Wäscheklammern weiterbauen, sollen sich demnach aber auch mit diesen Türmen durch den Raum bewegen und weitere Wäscheklammern aufheben. Wer baut den höchsten Turm?
2. Die Kinder arbeiten in Zweier- bzw. Dreiergruppen als Turmkonstrukteure zusammen.

Streichholzschachtel-Duell

Material:
Leere Streichholzschachteln

Die Kinder bilden Paare. Jeder hat zu Spielbeginn eine leere Streichholzschachtel auf dem Handrücken liegen. Nun versuchen beide Spieler, die Schachtel des anderen herunterzuschubsen, ohne die eigene Schachtel zu verlieren. Fällt eine Schachtel, bekommt das andere Kind einen Punkt.

Spiele zur Förderung von Aufmerksamkeit und Konzentration

Klatsch-Memory

Alle Mitspieler sitzen oder stehen um einen großen Tisch, auf dem die Karten verdeckt verteilt liegen. Der erste Spieler deckt zwei Karten auf und lässt sie sichtbar liegen. Jeder weitere Spieler deckt nur eine Karte auf. Liegt das jeweilige Gegenstück schon offen auf dem Tisch, darf derjenige das Paar nehmen, der möglichst schnell seine Hand auf die zuerst aufgedeckte Karte legt. Wie beim normalen Memoryspiel gewinnt der Spieler, der die meisten Paaren eingesammelt hat.

Variation:
Bei dieser Variation werden weniger Memorykarten (abhängig vom Alter der Mitspieler) verwendet. Um das Spiel schwerer zu gestalten, werden alle Karten nach dem Aufdecken wieder umgedreht. Da auch bei dieser Spielidee nur eine Karte aufgedeckt wird, soll möglichst schnell auf das verdeckte Gegenstück geklopft werden, um das Pärchen zu gewinnen.

Material:
Memoryspiel mit möglichst vielen Karten

Bewegungs-1,2,3

Die Kinder stellen sich paarweise gegenüber und zählen abwechselnd fortlaufend bis drei. Der eine Partner beginnt mit „eins", der zweite sagt „zwei" und der erste sagt „drei". Klappt dieses abwechselnde Zählen gut, so ersetzen die Kinder die erste Zahl durch eine Bewegung, die sie immer anstelle der „eins" durchführen. Die Zahlen „zwei" und „drei" werden weiterhin genannt. Nach und nach werden alle drei Zahlen durch Bewegungen ersetzt.

Variation:
Sehr viel schwieriger wird das Spiel, wenn eine längere Zahlenfolge genannt und später in Bewegung umgesetzt wird.

UNO-Geheimagenten unterwegs

Material:
UNO-Spielkarten oder Farbkarten in Rot, Blau, Gelb und Grün, die jeweils mit Zahlen von 1 bis 5 versehen sind; geheimnisvolle Musik (z. B. TipTap, siehe Musiktipps)

Jedes Kind bewegt sich mit einer geheim gehaltenen UNO-Karte zur Musik durch den Raum. Bei Musikstopp gibt der Spielleiter verschiedene Anweisungen, die von den Kartenbesitzern schnell befolgt werden. Der Spielleiter ordnet die verschiedenen Farben z. B. den verschiedenen vier Ecken zu. Zu Beginn des Spieles wird eine Anweisung mehrfach wiederholt, im weiteren Spielverlauf wird die Anweisung nur noch einmal genannt, so dass die Kinder wirklich konzentriert zuhören müssen.
Folgende Anweisungen sind möglich:
„Achtung, Geheimanweisung":
- gleiche Farben in Ecken: Der Spielleiter zeigt in verschiedene Ecken und nennt die Farbe, die sich dort treffen soll.
- verschiedene Farben in Ecken
- gleiche Zahlen verschiedener Farben in Ecken
- Zahlen gleicher Farbe geordnet von 1 bis 5 in Ecken

Sind alle Kinder der Anweisung gefolgt, werden die Geheimkarten kurz verglichen. Da Geheimagenten unglaublich verschwiegen sind, werden Irrläufer nicht aufgedeckt.

Menschen-Memory

Alle Kinder stehen im Kreis. Zwei Memoryspieler verlassen kurz den Raum. Währenddessen sucht sich jedes Kind einen Partner und überlegt mit ihm eine bestimmte Bewegung. Wenn alle Bewegungen noch einmal vorgestellt wurden (damit es keine doppelten Paare gibt) sucht sich jeder einen neuen Platz aus. Die beiden Memoryspieler tippen bei Spielbeginn abwechselnd zwei Personen an der Schulter an. Die angetippten Kinder zeigen kurz ihre Bewegung und halten dann wieder inne. Hat ein Memoryspieler ein Pärchen gefunden, darf er erneut zwei Kinder antippen. Die Pärchen setzen sich auf den Boden oder in eine Ecke, so man sie am Spielende zählen kann.

Variationen:
Anstelle von Bewegungen können sich die Pärchen auch Geräusche (siehe Menschen-Geräusche-Memory, Seite 33), gleiche Zahlen oder Grimassen ausdenken. Achtung: Wurde dieses Spiel einmal mit Grimassen gespielt, lässt es sich nur schwer wieder auf Zahlen, Geräusche oder Bewegungen zurückführen, da die Kinder erfahrungsgemäß erstaunliche Experimentierlust bekommen, sich die heftigsten Grimassen auszudenken.

Spiele zur Förderung von Aufmerksamkeit und Konzentration

UNO-Karten-Wirrwarr

Material:
UNO-Karten;
Musik

Vor Spielbeginn wird den Kindern mitgeteilt, welche Aufgabe die verschiedenen Farben bei Musikstopp erfüllen sollen (entsprechend dem Spiel „Feuer, Wasser, Erde, Blitz"). So sollen z. B. alle Kinder, die in diesem Moment eine rote Karte in der Hand halten, in die Ecke laufen, alle grünen Kartenkinder auf ein Gerät klettern, alle gelben sich auf den Boden legen und alle blauen Kartenkinder schnell einen Kreis bilden.
Jedes Kind tauscht während der Musik die Karte immer wieder mit anderen Kindern. Bei Musikstopp erfüllt jeder selbstständig die Aufgabe.

Variation:
Bei Musikstopp wird eine Bewegungsform genannt (z. B. springen, auf einem Bein hüpfen, sich im Kreis drehen, Kniebeugen machen; Hampelmann usw.). Die Kinder führen diese Bewegung so oft aus, wie es auf der UNO-Karte steht.

Märchen-Chaos

Bei diesem Spiel kommt in das Märchen Rotkäppchen im wahrsten Sinne des Wortes sehr viel Bewegung. Anfangs werden drei Hauptpersonen des Märchens dargestellt:
- Die alte Großmutter, die mit Stock in gebeugter Haltung steht und sich den schmerzenden Rücken hält.
- Der Jäger, der seine Flinte in der Vorhalte hält und schießt: „Peng"
- Der Wolf, der mit hochgehaltenen Pfoten heftig brüllt!

Die Gruppe bildet daraufhin zwei Mannschaften und spricht sich intern ab, welche zwei Figuren nacheinander gespielt werden. Dann stellen sich die beiden Mannschaften in einer Gasse mit ca. zwei Meter Abstand gegenüber. Bei dem Kommando „Märchen-Chaos ab" haben beide Gruppen die Aufgabe, die vorher festgelegte Figur mit ihrer Mannschaft zeitgleich darzustellen. Stellen beide Mannschaften dieselbe Person dar, passiert bis auf ein erleichterndes Gelächter gar nichts! Bei unterschiedlichen Darstellungen müssen alle schnell reagieren. Eine Mannschaft fängt die andere und zwar nach folgenden Regeln:
- Wölfe fangen die Großmütter (sie wollen sie ja im Märchen fressen).
- Jäger fangen die Wölfe (sie wollen sie erschießen).

- Großmütter fangen die Jäger (sie sind unsterblich in sie verliebt, was aus dem Märchen bisher nicht bekannt war, hier aber gut zum Spiel passt).

Beim Fangen drehen sich die „Wegläufer" schnell herum und laufen bis zu einer Linie, hinter der sie nicht mehr abgeschlagen werden dürfen. Alle abgeschlagenen Kinder wechseln die Mannschaft und vereinbaren zwei Märchenpersonen bestimmt.

Spiele zur Förderung logischen Denkens

Fast food-Reaktionsspiel

Nach der Spielidee von „Feuer, Wasser, Erde, Blitz" wird dieses Spiel mit kinderfreundlichen „Fast food-Leckereien" gespielt. Zu Spielbeginn laufen alle Kinder durch den Raum. Bei einem akustischen Signal (Tamburin, Glocke, Pfiff ...) gibt der Spielleiter ein Kommando, zu dem die Kinder blitzschnell eine vorher vereinbarte Bewegung durchführen oder ein Gruppengebilde bauen.

- Kommando „Pommes": Die Kinder bleiben stocksteif als lange Pommes Frites stehen.
- Kommando „Salat": Alle Kinder treffen sich in der Raummitte, setzen sich auf den Po und wackeln mit den Beinen.
- Kommando „Hot Dog": Die Kinder finden sich in Dreiergruppen zusammen und stellen sich eng aneinander, wobei das längste Kind in der Mitte steht.
- Kommando „Big Mac": Die Kinder legen sich zu dritt übereinander auf den Bauch.
- Kommando „Milk-Shake": alle bilden blitzschnell einen Kreis mit Handfassung und drehen sich langsam im Uhrzeigersinn.

Spiele zur Förderung logischen Denkens

Irgendwas

Material: Musik

Dieses Spiel wird auch als Musikstopp-Spiel gespielt. Bei jeder Bewegungspause nennt die Spielleiterin Materialeigenschaften (etwas Kaltes, Rundes, Weiches, Blaues, Dreckiges ...), die von den Kindern im Raum gefunden werden sollen. Natürlich lassen sich auch zwei Eigenschaften kombinieren (rund und blau). Sehr erfinderisch werden die Kinder, wenn die vorgegebene Materialeigenschaft im Raum gar nicht zu finden ist!

High speed-Memory

Material: Ein älteres Memoryspiel, das ggf. ein wenig leiden kann

Alle Spielkarten werden verdeckt großräumig verteilt. Mehrere Memoryspieler (abhängig von der Größe des Memoryspiels) treten gegeneinander an. Sie haben die Aufgabe, in möglichst kurzer Zeit viele Paare aufzudecken. Dabei gibt es nur eine wichtige Regel: Hat man zu einer umgedrehten Karte noch kein Pärchen entdeckt, muss die Karte auf dem Boden liegen bleiben. Alle Paare werden mitgenommen. Der Spieler mit den meisten Paaren gewinnt.

Getränkehüpfen

Bei diesem Spiel lernen die Kinder spielend die Richtungen links, rechts, vorne und hinten. Alle stehen hierzu nebeneinander in mehreren Reihen im Raum verteilt. Auf die gerufenen Kommandos reagieren sie mit einem Hüpfer zur vorher vereinbarten Seite:

Mögliche Kommandos:
- Vittel / Vita Malz = Hüpfer nach vorne
- Himbeersaft / Hagebuttentee = Hüpfer nach hinten

Spiele zur Förderung logischen Denkens

- Rote Brause = Hüpfer nach rechts
- Limo = Hüpfer nach links
- Cola = tiefe Hocke (Bauchschmerzen)

Sind die Kinder schon soweit eingespielt, dass sie schnell reagieren, kann der Spielleiter auch mehrere Kommandos hintereinander nennen: „Limo, Limo, Hagebuttentee, Vittel, Cola". Die Kinder führen die Hüpfer dann in der genannten Abfolge aus.

Das kunterbunte Farben- & Formenhaus

Material: Straßenkreide oder Tesakrepp; eine Pflanze, 9 Spielkarten mit 3 verschiedenen Formen in drei verschiedenen Farben (z. B. Dreieck, Viereck, Kreis in Rot, Blau und Grün)

Auf den Boden wird mit Straßenkreide ein Quadrat mit neun Innenfeldern gemalt (bzw. mit Tesakrepp geklebt). Dieses Quadrat stellt ein Wohnhaus mit drei Stockwerken dar. Auf das Quadrat wird ein Dreieck als Dach des Hauses gemalt. Rechts oder links neben dem Haus steht die Pflanze, die den Garten symbolisiert.
Jedes Kind erhält eine Spielkarte und stellt sich neben das Haus. Die Spielleiterin erzählt nun die Geschichte der Hausbewohner, die in dem Haus wohnen. Die Kinder finden mit Hilfe der Geschichte nach und nach ihre entsprechenden Wohnungen.

1. Alle gleichen Formen wohnen jeweils in einer Etage. Alle roten Formen wohnen untereinander. Alle Dreiecke wohnen unten. Der blaue Kreis wohnt in der Mitte. Das grüne Viereck wohnt in der Wohnung, von der aus man auf den Garten gucken kann. Wo wohnt das blaue Viereck (oberste Etage, mittig)?
2. Alle roten Mitbewohner ziehen in eine Eckwohnung. In jeder Etage wohnt ein Kreis. Das grüne Viereck wohnt genau über dem roten Dreieck. Das blaue Viereck hat riesigen Streit mit dem roten Dreieck und ist mächtig froh, dass es so weit weg wohnt, wie's eben geht. Das grüne Dreieck zieht in dieselbe Etage, wo auch die anderen Farb-Familienmitglieder wohnen. Wer darf in die mittlere Wohnung im dritten Stockwerk (blauer Kreis) ziehen?
3. Herr Rotkreis wohnt im obersten Stockwerk. Frau Blaudreieck läuft nicht gerne Treppen, deshalb zieht sie in die unterste Etage, jedoch nicht in die Mitte. Da Frau Grünkreis schon seit Jahren mit Frau Blaudreieck befreundet ist, bezieht sie die Wohnung direkt neben Frau Blaudreieck. Familie Blaukreis wohnt direkt über Frau Blaudreieck und unter Herrn Rotkreis. Herr Rotviereck wohnt am weitesten von Herrn Rotkreis entfernt. Das ist auch gut so, denn die beiden streiten sich so schnell. Frau Grün-

dreieck kommt mit allen prima aus. Sie wohnt im Haus in der Wohnung, die von allen anderen Mitbewohnern gleich gut zu erreichen ist. Herr Rotkreis hat von seiner dritten Etage einen wunderschönen Blick auf den Garten. Frau Blauviereck wohnt in der zweiten Etage in einer Eckwohnung, von der aus sie den Garten leider nicht sehen kann. Herr Rotdreieck wohnt direkt neben seinem Onkel Herrn Rotkreis. Wo wohnt Herr Grünviereck? (dritter Stock, gartenfern)

Tipp:
Bei diesem Spiel ist es sinnvoll bei der Planung der Geschichte eine Skizze zu machen, die die endgültige „Hausbesetzung" verdeutlicht. Weiterhin sollte die Geschichte auch auf die Gruppensituation abgestimmt sein. Für Kindergruppen, die beispielsweise eher ungeduldig sind, empfiehlt sich demnach eine Geschichte, bei der viele Kinder gleichzeitig aktiv sein können (siehe Geschichte 1).

Detektivspiele

Zwei Detektivkinder verlassen den Raum. Alle anderen Kinder bilden zwei oder mehrere Gruppen zu verschiedenen Themen (z. B. Gemüse und Obst). Jedem Kind wird dem Thema entsprechend ein passender Begriff zugeteilt. (Bei manchen Gruppen eignen sich auch Spielkarten, die verteilt werden.) Haben sich beide Gruppen gut verteilt in einen Kreis gestellt, dürfen die Detektive mit ihrer Arbeit beginnen. Sie sollen nun durch gemeinsames Knobeln und Überlegen herausfinden, welche Kindergruppen zusammengehören. Das Detektivspiel ist eines der differenzierungsfreundlichsten Spiele überhaupt. Folgende Varianten sind denkbar.
- Detektive im Salat: Obstsalat / gemischter Salat
- Detektive in Lebensmitteln: gesunde / ungesunde Lebensmittel

- Detektive im Zahlenland: der Reihe nach sortieren oder jeweils zwei gleiche Zahlen finden
- Detektive im Jahr: Wochentage, Monate oder Feiertage sortieren
- Detektive im Farbtopf: gleiche Farben sortieren
- Detektive bei Gegensätzen: groß / klein, dick / dünn, rund / eckig …
- Detektive bei Tieren: Zootiere / Bauernhoftiere
- Berufedetektive: Feuerwehr / Polizei / Bäcker usw.

Spielvariationen:
Erfahrenen Detektivspieler schaffen es auch, verschiedene Gruppen mit verschiedenen Themen zu sortieren. So teilt man einigen Kindern Farben, anderen Zahlen, Gegensätze, Pflanzen usw. zu und lässt die Detektive diese Gruppen sortieren. Bei der Arbeit der Detektive kann es bei dieser Erweiterung des Spiels dazu kommen, dass sie andere als beabsichtigte, für sie aber logische Gruppen sortieren, die man unbedingt so akzeptieren sollte! Sinnvoll ist es, den Schweregrad des Spiels stetig zu steigern.

Schauspielschule

Alle Kinder stehen im Kreis. Bei diesem Darstellungsspiel arbeiten immer drei nebeneinander stehende Kinder zusammen, die verschiedene Tiere oder Objekte pantomimisch darstellen sollen. Dazu zeigt ein Spielmacher, der im Kreis steht, auf ein Kind und nennt ein Tier, z. B. Elefant. Das Kind stellt die Mitte des Elefanten dar, indem es mit den Armen einen Rüssel formt, die direkten Nachbarn halten an das mittlere Kind zwei Ohren, die sie mit ihren Armen formen. Weitere Aufgaben:

Spiele zur Förderung logischen Denkens

- Känguru: mittleres Kind formt mit Armen vorne einen Kreis (Kängurubeutel), die Nachbarn tauchen von unten durch und schauen aus dem Beutel;
- Affe: mittleres Kind hält eine Hand auf den Mund, die Nachbarn halten Hände auf Ohren und Augen;
- Palme: mittleres Kind streckt seitlich Arme nach oben, die Nachbarn formen mit Händen Kokosnüsse, die sie unter die Achseln des mittleren Kindes halten;
- Toaster: mittleres Kind springt in die Luft (Toast) und ruft „fertig", die Nachbarn bilden um das Toastbrot herum mit ihren ausgestreckten Armen einen Toaster;
- Mixer: mittleres Kind hält die Arme schräg nach oben und knickt die Hände nach unten ab, die Nachbarn stellen sich unter die Hände und drehen sich;
- Waschmaschine: mittleres Kind beugt sich vor, rotiert mit dem Oberkörper und macht Waschmaschinengeräusch, die Nachbarn formen um den Kopf das Bullauge;

- Mikrowelle: mittleres Kind dreht sich langsam und sagt ping ping ping ..., die Nachbarn bilden mit Armen Umrandung.

Sind die verschiedenen Pantomimen von den Kindern geübt worden, darf der Spielleiter die Aufgaben und Darsteller immer wieder wechseln, bis ein Kind bei der Darstellung so durcheinanderkommt, dass es mit dem Spielleiter wechselt.

Die Straßenbahn fährt durch die Stadt

Dieses Spiel ist nach der Spielidee „Die Lok kommt" (siehe Seite 38) entstanden. Alle Kinder stehen in einem recht engen Kreis. Der Spielleiter beginnt mit dem Geräusch der Straßenbahn (bimmel-bimmel) und bewegt seinen Kopf dabei zu seinem Nachbarn, der das Geräusch übernimmt und wiederum an den nächsten Nachbarn weitergibt. Ist die Straßenbahn einige Male ohne Probleme in der Stadt herumgekreist, werden nach und nach weitere Geräusche der Stadt dazugenommen, die immer verbal von einem zum nächsten weitergegeben werden.

1. Die Straßenbahn braucht in der Stadt dringend Schranken, die heruntergehen, bevor die Bahn kommt. Diese Schranke macht sowohl beim Schließen als auch beim Öffnen das Geräusch bim-bimbimbim!
2. Das Motorrad, das an der Schranke hält, quietscht fürchterlich beim Halten (quieietsch) und fährt recht rasant wieder an (mjemm, mjemm, mjemm).
3. Der Fußgänger, der an der geschlossenen Schranke anhält, ist ziemlich in Eile und schimpft demnach: „So ein Mist!" Sobald er weitergehen kann, sagt er: „Na endlich!"
4. Die Mutter, die danach zur geschlossenen Schranke kommt, hat ein Baby im Kinderwagen, das beim Stehenbleiben immer losweint (wääääh)! Beim Weitergehen freut es sich sehr (hahaha).

Für „Profis", die es wirklich schaffen, alle Geräusche der Stadt im Kreis herumwandern zu lassen, hier die Geräuscheabfolge dieser Straßenbahngeschichte in ganzer Länge: Bimbimbimbim, quieietsch, So ein Mist! wääääh, bimmelbimmel; bimbimbim, mjemm, mjemm, mjemm, Na endlich!, hahaha!
Viel Spaß beim Ausprobieren!

Ich bin der König

Ein Kind bewegt sich als König anmutig durch den Raum und sagt immer wieder „Ich bin der König" bzw. andere königlichen Aussprüche („Ich bin der Größte.", „Ich habe viel Geld."). Nach und nach begleiten drei Gefolgsleute den König, die im Abstand von ca. einem Meter rechts und links und hinter ihm hergehen. Die Gefolgsleute sollen immer an der ihnen zugeteilten Seite bleiben, was schwieriger wird, wenn der König die Richtung wechselt. Noch komplexer wird das Spiel, wenn die Gefolgsleute die Aussprüche des Königs wiederholen sollen.

Wenn Zahlen vor Freude hüpfen

Bei der mathematischen Früherziehung sollte dem Spaß am Tun ein ganz hoher Stellenwert beigemessen werden. So können die wesentlichen Inhalte der Mathematik wie Formen, Größen, Gewichte und Zahlen ganz spielerisch erlebbar und begreifbar gemacht werden. Im Folgenden werden unterschiedliche Spielformen aufgezeigt, die alle einen sehr kindgerechten und trotzdem effektiven Einstieg in die Welt der Mathematik bieten.

Fingerspiele

Fünf Freunde

Fünf Freunde sitzen dicht an dicht.	Faust bilden, Daumen
Sie wärmen sich und frieren nicht.	innen verstecken;
Der Erste sagt: „Ich muss jetzt gehen",	kleinen Finger
	herausstrecken;
der Zweite sagt: „Auf Wiedersehn!",	der Ringfinger folgt;

der Dritte hält's auch nicht mehr aus,	den Mittelfinger herausstrecken;
der Vierte läuft zum Tor hinaus,	den Zeigefinger zeigen;
der Fünfte ruft: „Hey ihr, ich frier!",	der Daumen wackelt;
da wärmten ihn die anderen Vier!	alle bilden wieder eine Faust um den Daumen.

Der Apfeltransport

Fünf Finger stehen hier und fragen:	Die Finger einer Hand zeigen;
„Wer soll diesen Apfel tragen?"	die andere Hand als Faust;
Der erste Finger spricht:	mit dem Daumen wackeln;
„Allein, das schaff ich nicht!"	verneinend hin und herbewegen;
Der Zweite sagt: „Zu viel Gewicht!"	der Zeigefinger wackelt;
Der Dritte kann ihn auch nicht heben,	den Mittelfinger zeigen;
der Vierte schafft das nie im Leben.	der Ringfinger winkt ab;
Der Fünfte aber spricht:	der kleine Finger wackelt;
„Alleine, so geht das nicht!"	
Und dann heben kurz darauf	alle Finger der einen
fünf Finger diesen Apfel auf!	Hand tragen die Faust.

Klatschparade mit Zahlentext

Das ultimative Winterspiel wird langsam, schnell, laut, leise usw. gesprochen oder gesungen.

Klatschlied für kalte Tage
1-mal klatschen, 2-mal klatschen, 3-mal klatschen und 4,
5-mal klatschen, 6-mal klatschen, 7-mal klatschen und mehr
8-mal klatschen , 9-mal klatschen, 10-mal klatschen und dann,
hab ich warme Hände und fang von vorne an!

Günter Staniewski

Variationen: Schnipsen, Stampfen, Knien usw.
1-mal stampfen, 2-mal stampfen, 3-mal stampfen und 4 ...
... hab ich warme Beine und fang von vorne an!

Bewegungsspiele im Kreis

Dickes Ei

Alle Kinder stehen im Kreis und bewegen sich zum gesprochenen Text. Die Zahlen werden jeweils mit Fingern in die Luft gezeigt.

Hüpfen, klatschen, eins, zwei, drei,	hüpfen, klatschen und die Zahlen mit Fingern zeigen;
das Huhn, das legt ein dickes Ei.	Huhn pantomimisch darstellen und Ei zeigen;

Hüpfen, klatschen, vier, fünf, sechs,	hüpfen, klatschen und die Zahlen mit Fingern zeigen;
das Ei gekocht, gepellt, mir schmeckt's.	Finger tanzen wie Flammen, pantomimisch pellen, Bauch reiben;
Hüpfen, klatschen, sieben und acht,	hüpfen, klatschen und die Zahlen mit Fingern zeigen;
Mensch, das hat mir Spaß gemacht!	Faust ballen und Daumen hoch;
Hüpfen, klatschen neun und zehn,	hüpfen, klatschen und die Zahlen mit Fingern zeigen;
jetzt kann ich wieder spielen geh'n.	um die eigene Achse drehen, Freudensprung!

Zahlen-Hochstapeln

Zu Beginn des Spiels markiert jedes Kind seinen Stuhl mit der Jakke, einem Schuh, einem Foto oder Ähnlichem. Den Kindern werden reihum Zahlen von 1 bis 4 zugeteilt (bei kleineren Kindern ggf. durch Punkte auf dem Handrücken). Der Spielleiter deckt nun nach und nach die Unokarten auf und liest die jeweiligen Zahlen langsam vor. Die Kinder, deren Zahl genannt wird, dürfen im Uhrzeigersinn einen Platz weiterrücken und sich auf den Schoß des Nachbarkindes setzen. Diejenigen Kinder, bei denen bereits ein Kind auf dem Schoß sitzt, bleiben auf ihrem Stuhl, auch wenn ihre Zahl genannt wurde. Sobald drei Kinder einen Turm bilden, darf ein viertes Kind diesen Turm überschlagen und sich auf den nächsten Platz mit 0 bis maximal zwei Kindern setzen. Hochstapelmeister ist das Kind, das als erstes wieder auf dem eigenen Stuhl sitzt.

Material:
Stuhlkreis, Unokarten mit den Zahlen von 1 bis 4 in allen Farben

Wenn Zahlen vor Freude hüpfen

Schwimmer-Spring-Parade

Material:
Pro Kind ein Stuhl, großes Blatt Papier, Stift

Alle Kinder stehen im Stuhlkreis vor ihren Stühlen, in der Mitte liegt das große Blatt, auf das fünf (ggf. auch mehr) Kinder gemalt sind. Der Reihe nach wird folgender Spruch gesprochen:

Kind 1: „Ein Kind"
Kind 2: „mit zwei Beinen"
Kind 3: „springt in's Wasser"
Kind 4: „Platsch!"
Kind 5: „Zwei Kinder"
Kind 6: „mit vier Beinen"
Kind 7: „springen in's Wasser"
Kind 8: „Platsch"
Kind 9: „Platsch"

Jedes Kind, dass in diesem Spruch „Platsch" sagt, setzt sich auf den Stuhl. Werden mehrere Kinder im Spruch genannt, vervielfachen sich auch die Beine (was die Kinder auf dem Blatt abzählen können) und die Sprünge in's Wasser. Bei zwei Kindern, die ins Wasser springen, setzen sich demnach auch zwei Kinder. Der Spruch wird von den noch stehenden Kindern fortgesetzt. Schwimmmeister ist das Kind, das als letztes noch steht.

Der Taschenrechner

Die Mousepads werden entsprechend der Anordnung auf Taschenrechnern auf dem Boden ausgelegt. Die Kinder bekommen anfangs die Aufgabe, auf bestimmte Zahlen zu hüpfen. Dies geht natürlich mit verschiedenen Schwierigkeitsstufen. Zur Einführung nennt man einem Kind nur eine Zahl, später kann man sie von einer Zahl zur nächsten über den Taschenrechner hüpfen lassen. Kinder, die die Zahlen schon gut beherrschen, können eine längere Zahlenfolge hüpfen. Alle sitzenden Kinder haben die Aufgabe, die genannten Zahlen mit den Fingern zu zeigen. Anspruchsvoller wird es, wenn Kinder bestimmte Rechenaufgaben nachhüpfen sollen oder der Zahlenraum bis 20 erweitert wird.

Material:
Stuhlkreis, 13 Mousepads, die mit den Ziffern von 0 bis 9, sowie dem Plus-, Minus- und Gleichheitszeichen beschrieben werden.

Die Eisenbahn

Bei diesem Sprachspiel sitzen oder stehen alle Kinder zu Beginn im Kreis. Nach und nach reihen sich immer mehr Kinder hinten an.

Die Eisenbahn will jetzt gleich starten, *weil überall die Kinder warten,*	Ein Kind geht im Kreis umher und macht dabei Lokomotivgeräusche.
An der Haltestelle Nummer 1, *da nehme ich - ach, lieber keins!* *Die Eisenbahn fährt wieder los,* *das Getöse ist ganz groß.*	anhalten, überlegen, abwinken, Kopf schütteln; weiterfahren mit entsprechenden Geräuschen
An der Haltestelle Nummer 2 *ist richtig dolles Freudengeschrei!* *Jetzt fahre ich nicht mehr allein,* *ja, eine Reise, die ist fein.*	bremsen, Kinder, die in der Nähe sind, jubeln; ein Kind schließt sich an, zu zweit weiterfahren
An Haltestelle 3 im Nu *steigt schon wieder einer zu.* *O, es ist schon ziemlich spät.* *Ob's auch etwas schneller geht?*	anhalten, ein Kind dazu nehmen schneller werden
Jetzt kommt Haltestelle 4. *Hallo, ist noch jemand hier?* *Es muss noch etwas weitergehn,* *weil da noch viele Kinder stehn.*	mit Händen Lautsprecher bilden; ein weiteres Kind dazunehmen; auf die wartenden Kinder zeigen, weiterfahren

An der nächsten Stelle heute, fünftes Kind einladen
steht Nummer 5 – ihr lieben Leute.

5 Leute fahrn jetzt durch die Stadt, weiterfahren
die anderen haben's Warten satt.

Sie reihen sich jetzt hinten an Die restlichen Kinder
ein Riesenzug entsteht sodann. reihen sich erst ein,
Der fährt durch uns're ganze Welt, wenn der Zug an ihnen
solange das euch noch gefällt. vorbeifährt; mit allen
Kindern durch den Kreis
gehen.

Zuletzt am großen Bahnhofshaus Der Kinderzug löst
steigen alle wieder aus! sich auf.

(variiert nach einer Idee von Rita Diepmann)

Das Mathe-Mampf-Monster

Mit einem Schminkstift wird jedem Kind eine Zahl von 1 bis 10 in die Handinnenfläche geschrieben. Die Kinder stehen im Kreis um die auf dem Boden liegenden Gegenstände und zeigen ihre Zahlen hoch. Ein Kind verlässt den Raum. Daraufhin werden einige Gegenstände aus der Kreismitte entfernt. Alle Kinder bewegen sich frei im Raum. Der kleine Detektiv wird wieder in den Raum gerufen. Er darf kurz zählen, wie viele Gegenstände noch im Kreis sind, und muss nun die entsprechende Hand finden bzw. das Kind mit der entsprechenden Zahl fangen. Alle Kinder hüpfen die gefundene Zahl anschließend vor-, seit- oder rückwärts. Wie viele Gegenstände wurden entfernt?

Material:
Zehn kleine Gegenstände (Legostein, Perle, Stift usw.), Schminkstift

Zahlenspaziergang

Ein Kind läuft im Kreis alleine los. Im Verlaufe des gesprochenen Textes schließen sich weitere neun Kinder an, wenn sie aufgerufen oder aufgefordert werden.

1. *Ich spaziere ganz allein in die weite Welt hinein.*
2. *Der/Die (...) kommt herbei, so – dann sind wir ja schon zwei.*
3. *Wir laufen jetzt an dir vorbei und gehen weiter alle drei.*
4. *Den/Die (...) holen wir, du bist die Nummer vier.*
5. *Der/Die (...) kommt im Nu als die Nummer fünf hinzu.*
6. *Du kannst jetzt bei uns sein, als Nummer sechs, ach, wie fein.*
7. *Hier sind wir steh'ngeblieben, der/die (...) ist die Nummer sieben.*
8. *Wer jetzt am lautesten lacht, geht mit uns als Nummer acht.*
9. *Der/Die (...) wird sich freu'n, du kommst mit als Nummer neun.*
10. *Und du als Nummer zehn, dich lassen wir nicht steh'n. So können wir zusammen geh'n und uns die ganze Welt beseh'n.*

Rita Diepmann

Würfelfußball

Material: Schaumstoffwürfel, Torpfosten in Form von Schuhen, Kegel, o. Ä.

Je nach Raumgröße wird im Sitzen oder Laufen mit dem Schaumstoffwürfel Fußball gespielt. Fällt ein Tor, so zählt es so viele Treffer, wie der Würfel anzeigt. Bei einem weiteren Torerfolg wird die neu erschossene Zahl zur alten dazuaddiert.

Spiele mit Zahlenwürfel

Würfel-Ausstreich-Staffel

Die Mannschaften stellen sich jeweils hintereinander an eine Raumwand; die Würfelblätter und die Stifte werden an die gegenüberliegende Raumwand gelegt. Jedes erste Kind einer Mannschaft würfelt und sagt die gewürfelte Zahl der eigenen Mannschaft. Das Kind läuft daraufhin zur anderen Seite und streicht diese Zahl auf dem Blatt aus. Gleichzeitig hüpfen alle restlichen Kinder einer Mannschaft entsprechend der gewürfelten Zahl in die Luft. Sobald das erste Kind wieder bei der Mannschaft angekommen ist, würfelt das nächste Kind, nennt die gewürfelte Zahl und streicht auf dem Blatt aus, während die übrigen Kinder hüpfen usw. Beim erneuten Würfeln von Zahlen, die bereits weggestrichen wurden, brauchen die Kinder nicht nochmals zu laufen. Gewonnen hat die Mannschaft, die zuerst alle Würfel auf dem Blatt ausgestrichen hat.

Material:
Pro Mannschaft ein Würfel, ein Stift und ein Blatt, auf dem verschiedene Würfelzahlen gemalt sind.

Reise ins Würfelland

Die Mousepads werden frei im Raum verteilt. Ein Kind würfelt; die gewürfelte Zahl wird laut gerufen und möglichst schnell im Raum gesucht. Erst wenn alle Kinder beim richtigen Mousepad angekommen sind, hüpfen, klatschen oder stampfen alle die erwürfelte Zahl.

Material:
Zahlenwürfel, sechs Mousepads mit den Zahlen von 1 – 6

Variation:
Kommen zwei Würfel zum Einsatz, laufen die Kinder zu einer der gewürfelten Zahlen und alle klatschen danach gemeinsam das Additionsergebnis.

Material:
2 Zahlenwürfel, weitere 6 Mousepads

Gewürfeltes Körperdenkmal

Material:
Ein oder zwei größere Zahlenwürfel in unterschiedlichen Farben; Musik

Zur flotten Laufmusik bewegen sich alle Kinder im Raum. Bei Musikstopp wird ein Würfel gewürfelt. Die Kinder berühren mit der entsprechenden Anzahl an Körperteilen den Boden. Nach kurzer Präsentation kreativer Denkmäler laufen alle wieder zur Musik.

Variation:
Schwieriger wird das Lösen der Aufgabe, wenn zwei verschiedenfarbige Würfel ins Spiel kommen. Einer der beiden Würfel bestimmt wie vorher die Anzahl der Körperteile, die den Boden berühren sollen, der andere Würfel, evtl. in grüner Farbe (G wie grün = Gruppengröße), gibt an, wie viele Kinder zusammenarbeiten sollen. In der Gruppe wird jetzt ausprobiert, ob die gewürfelten Konstellationen als Gruppen-Körperdenkmal umgesetzt werden können oder nicht.

Morse-Mathe

Mehrere Gruppen von jeweils drei bis vier Kindern sitzen hintereinander auf dem Boden. Das hinterste Kind würfelt und klopft bzw. pikst dem Vordermann die gewürfelte Zahl auf den Rücken. So wandert die gewürfelte Zahl von einem Rücken zum anderen, bis sie beim vordersten Kind landet. Dieses Kind steht auf, läuft zum Wandplakat und zeigt auf die Zahl, die es gespürt hat. Stimmt die Zahl mit der gewürfelten überein, darf sich das Kind an das Ende der eigenen Gruppe setzen und direkt die nächste Zahl würfeln. Dieses Spiel lässt sich auch gut als Wettbewerb spielen.

Variation:
Wenn der Spielverlauf mit einem Würfel gut gelingt, kann ein zweiter oder sogar dritter Würfel dazugenommen werden. Die einzelnen Würfelaugen sollen nun addiert werden.

Material:
Ein Würfel pro Gruppe; ein Plakat mit Zahlen von 1 bis 6, das an die Wand geklebt wird

Mensch, beweg dich

Dies ist die bewegte Variante von „Mensch ärgere dich nicht". Die Mousepads werden in der Form eines Quadrats auf dem Boden angeordnet, die farbigen liegen jeweils an den vier Ecken. Die zwei Bierdeckel jeder Farbe werden an einer Kordel befestigt. Drei Spieler bilden jeweils eine Mannschaft. Zwei dieser Spieler hängen sich eine Bierdeckelkette ihrer Farbe um und stellen sich auf ihr Ausgangsfeld, das sich in einer der vier Ecken befindet. Reihum würfeln nun die jeweils dritten Spieler der Gruppe und schicken ihre „Läufer" ins bewegte „Mensch-ärgere-dich-nicht-Rennen". Gestartet werden darf auch, ohne vorher eine Sechs zu würfeln. Wird die Sechs während des Spiels gewürfelt, darf der Spieler erneut würfeln. Wer rausgeworfen wurde, darf in der nächsten Runde sofort

Material:
24 Mousepads, davon je eines in Blau, Gelb, Rot und Grün; je zwei Bierdeckel in den Farben Blau, Gelb, Rot und Grün; 4 Würfel

wieder einsteigen. Ist ein „Läufer" nach einer Runde wieder auf dem eigenen Mousepad gelandet, darf er den Würfler unterstützen. Gewonnen hat die Mannschaft, die beide Läufer als erstes wieder beim Würfler hat. Natürlich wird das Spiel weitergespielt, bis alle Mitspieler wieder „gelandet" sind.

Variation:
Motorisch anspruchsvoller wird das Spiel, wenn die Läufer rückwärts laufen oder springen.

Indianer-Schmuck-Jagd

Material:
Pro Mannschaft eine Fädelkette, einen Würfel und viele bunte Perlen

Die Mannschaften (vorzugsweise vier) stehen in jeweils einer Ecke des Raumes. Alle Perlen liegen in der Raummitte. Jedes Kind darf so viele Perlen vom Perlenberg nehmen, wie es vorher gewürfelt hat. Die Kinder, die nicht „auf der Jagd" sind, fädeln ihre Perlen auf den Faden. Der Gewinner wird anhand der Kettenlänge (Perlenanzahl) ermittelt, sobald keine Perle mehr in der Mitte liegt. Damit das Spiel nicht zu schnell beendet ist, kann man bei den einzelnen Würfeln ggf. die Zahlen 4, 5, 6 zukleben und mit 1, 2, 3 neu beschriften.

Wie Buchstaben laufen lernen

Kinder-ABC

Um Buchstaben möglichst spielerisch zu vermitteln, lässt sich folgende Idee ohne großen Aufwand verwirklichen: Die schon bekannten Buchstaben aus den Vornamen der Kinder werden mit dem

eigenen Körper stehend oder liegend nachgestellt und anschließend fotografiert. 30 x 45 cm große, laminierte Fotos sehen an der Turnhallenwand aufgehängt interessant aus und eignen sich auch für viele Spiele.

Namensalat

Material:
Große Blätter mit den Vornamen der Kinder, ggf. Fotos der Kinder, Tesa, Mousepads, Teppichfliesen oder Memorykarten mit allen Buchstaben, die in den Namen vorkommen; Musik

Vor dem Spiel werden die Blätter mit den Namen an die Wände des Raumes geklebt. Falls die Kinder ihre Namen noch nicht erkennen, werden die entsprechenden Fotos direkt daneben gehängt. Die Mousepads werden auf dem Boden im Raum verteilt.
Die Kinder bewegen sich zur Musik frei im Raum. Bei Musikstopp wird ein Name genannt. Alle Kinder versuchen, diesen Namen an der Wand zu finden. Für jeden Buchstaben des Namens wird ein Kind ausgesucht, das diesen Buchstaben im Raum finden soll und ihn in die Mitte bringt. Dort legen die Buchstabenkinder den Namen mit Hilfe der Vorlage an der Wand selbstständig auf den Boden. Kontrollperson sollte das benannte Kind sein. Daraufhin werden die Buchstaben wieder verteilt und das Spiel beginnt erneut.

Eisenbahn im Buchstabenland

Material:
Teppichfliesen oder Mousepads mit den Anfangsbuchstaben der mitspielenden Kinder

Beginnen mehrere Kindernamen mit demselben Buchstaben, so ist trotzdem nur ein Mousepad nötig. Die Kinder bilden eine Eisenbahn, indem sie sich hintereinander aufstellen und die Hände auf die Schultern des Vordermanns legen. Zu einem Eisenbahnlied bewegt sich der Zug kreuz und quer durch den Raum und hält immer wieder an Buchstabenbahnhöfen, wo die Kinder mit gleichem Anfangsbuchstaben aussteigen dürfen. Alle restlichen Kinder schließen die Lücken der ausgestiegenen Kinder und fahren weiter. Natürlich dürfen die Kinder auch wieder zusteigen.

Textvariation nach dem bekannten Eisenbahnlied „Die Eisenbahn, die Eisenbahn, die fährt von Köln nach Hagen":
„Die Eisenbahn, die Eisenbahn, die fährt uns zu Buchstaben, wer im Namen vorn das „A" hat, der steigt gleich aus dem Wagen. Und wer dann wieder einsteigen will, der muss uns das nur sagen."
Gesprochen: Anhalten, wir sind am Buchstabenbahnhof A! Bitte alle A-Kinder aussteigen!

Variation:
An den Buchstabenbahnhöfen können auch z. B. verschiedene Tiere wohnen (Mousepad K wie Katze). Alle Kinder, die das benannte Tier gerne mögen, dürfen aussteigen.

Buchstabensuppe

Vor dem Spiel wird auf jeden Tennisball entweder ein A, E, I, O oder U geschrieben. Auch die Eimer werden mit einem dieser Selbstlaute beschriftet. Die Tennisbälle werden im Raum verteilt, die Eimer in erreichbarer Höhe aufgehängt oder aber in Ecken gestellt. Alle Kinder krabbeln durch den Raum. Sobald der Spielleiter einen Buchstaben nennt bzw. einen gleichen Tennisball zeigt, werden diese Bälle in den dafür vorgesehenen Eimer geworfen.

Material:
Viele alte Tennisbälle, 5 Eimer oder Kartons, ein schwarzer Edding

Variation:
Will man das Spiel als Wettspiel spielen, werden die Kinder in fünf Buchstabengruppen eingeteilt. Jede Mannschaft hockt anfangs unter bzw. neben ihrem Eimer. Sobald das Startzeichen ertönt, sucht jeder nur nach seinem Buchstabenball, den er umgehend in den Eimer wirft. Wer zuerst alle Buchstabentennisbälle im Eimer hat, bekommt einen Punkt. Nun bekommt jede Mannschaft einen neuen Buchstaben zugeordnet.

Der Zoo-Zauberer

Material:
Ein Zauberstab

Ein Kind spielt den Zauberer, stellt sich vor die Gruppe und sagt: „Ich bin der Zauberer TIM (OLE; LEON; LISA usw.) und verwandle euch in T wie Tiger (OLE: O wie Ochsen …). Alle Kinder spielen das genannte Tier so lange, bis der Zauberer ein Kind abgeschlagen hat, dass nun zum Zauberer wird bzw. einen neuen Zauberer aussuchen darf.

Buchstabensalat

Material:
Musik

In Anlehnung an das Spiel „Feuer, Erde, Wasser, Blitz" bewegen sich alle Kinder durch den Raum, bis ein Buchstabe genannt wird, bei dem die Kinder möglichst schnell folgende Aufgaben erfüllen sollen:
I = Alle Kinder strecken beide Arme hoch und stehen auf Zehenspitzen.
O = Alle Kinder bilden mit den Armen vor dem Körper einen Kreis.
M = Zu zweit stehen die Kinder sich gegenüber und reichen sich schräg nach unten die Hände.
H = Zu zweit stehen die Kinder sich gegenüber und halten ihre Unterarme im rechten Winkel vor sich zum Partner, so dass die Hände übereinanderliegen.
U = Jedes Kind legt sich allein u-förmig auf den Boden.
X = Die Kinder stellen sich mit gegrätschten Beinen und schräg nach oben gestreckten Armen hin.
Beim Kommando „Buchstabensalat" treffen sich alle Kinder in der Raummitte und jeder stellt irgendeinen Buchstaben dar.

Die Buchstaben-Detektive

Das Spiel beginnt in einem Bewegungsraum. Alle Memorykarten werden unter den Kindern verteilt. Die „Buchstaben-Detektive" haben die Aufgabe, möglichst schnell ihren Detektiv-Partner mit der gleichen Buchstabenkarte zu finden. Sobald sich die Paare gefunden haben, beginnt das große Spiel durch die ganze Einrichtung. Alle Detektivpaare werden damit beauftragt, möglichst viele Dinge zu finden, die mit dem gleichen Buchstaben beginnen. Sobald sie etwas Entsprechendes entdeckt haben, nennen sie diesen Gegenstand dem Spielleiter, der bei richtiger Nennung dem Paar einen Punkt aufschreibt. Am Spielende werden die besten Buchstabendetektive ermittelt.

Material:
Memorykartenpaare mit Buchstaben

Variation:
Es können alternativ auch kleine Zettel mit den verschiedenen Buchstaben in der Einrichtung aufgehängt werden, die die Kinder suchen und zum Spielleiter zurückbringen müssen.

Seilchenbuchstabengeschichte

Jedes Kind sitzt mit einem Seilchen im Kreis, hört die Buchstabengeschichte und legt gleichzeitig die beschriebenen Buchstaben mit dem Seil auf den Boden.

Material:
Pro Kind ein Seilchen

Die Seilchenbuchstabengeschichte
Ein I das liegt da ganz für sich und langweilt sich so fürchterlich!
Streckt sich vom Scheitel bis zum Schuh
und formt sich plötzlich dann zum U!
Ein U das liegt da ganz für sich und langweilt sich so fürchterlich!
Es wackelt und zappelt kurz „wunderba"

Wie Buchstaben laufen lernen

und formt sich schließlich dann zum A!
Ein A das liegt da ganz für sich und langweilt sich so fürchterlich!
Träumt plötzlich von Sonne, Meer und Klee
und wandelt sich zu einem E!
Ein E ist nun richtig glücklich und froh und kugelt sich zu einem O!
Das runde O, das denkt sich nun:
"Lass die anderen mal kräftig tun,
ich bleib lieber liegen und will mich ausruhn!
Und wer aus dem O jetzt nichts anderes macht,
der legt sich daneben, ich wünsch „Gute Nacht!"
Wer aber weitere Dinge formen möchte und kann,
der fängt jetzt gleich damit an!

Spannende Entspannung

Beim Einsatz von Spiel- und Übungsformen zum Entspannen ist „Spannung" gerade im Vorschulalter ein wichtiges Kriterium, um Kinder in die Entspannungs- oder Ruhephase zu begleiten. Viele der vorgestellten Entspannungsspiele erfüllen den Wunsch der Kinder nach Spannung und sind einfach und spontan einsetzbar.

Wenn die Stille knistert:
Das Butterbrotpapierkonzert

Im Kreis sitzend bekommt jedes Kind ein Stück Butterbrotpapier und darf damit erst einmal experimentieren. Wichtige Regel, die dabei einzuhalten ist: Das Papier darf nicht zerreißen! Nach dem ersten wilden „Geraschel" spielen alle zusammen in einem Orchester, wobei der Spielleiter die Leitung übernimmt und die Raschelgeräusche vorgibt, die alle anderen Kinder sofort übernehmen. Während des Konzertes gibt es Pausen, in denen das Papier ruht (in Fäusten versteckt oder still gehalten). Diese Pausen können von Mal zu Mal länger werden.

Material:
Butterbrotpapier
in Stücken

Formen-Reise

Material:
Zwei Spielkarten für jedes Paar, mit den Formen Kreis, Viereck, Dreieck, Schlangenlinie, Sonne usw.

Die Kinder gehen paarweise zusammen und stellen oder setzen sich hintereinander. Das hintere Kind sucht sich eine Form aus und malt diese dem Vordermann auf den Rücken. Dieser zeigt auf seiner Spielkarte die erkannte Form.

Variationen:
1. Für kleinere Kinder und am Anfang sind die Karten eine gute Unterstützung. Später kann das Spiel auch ohne Spielkarten gespielt werden.
3. Neben Formen können auch Zahlen oder Buchstaben auf Rückenreise gehen.

Die SCHUBIDU-Massage

Material:
Decken

Das Wort „SCHUBIDU" ist eine Wortschöpfung des Essener Kindergartens St. Stephanus, der seine Vorschulgruppe so nennt: SCHU = Schulkind, BI = bist, DU = du! Entsprechend ist die SCHUBIDU-Massage eine Spezialmassage für künftige Schulkinder.
Die Kinder bilden Zweiergruppen. Ein Kind legt sich bäuchlings auf die Decke, das andere kniet sich daneben. Nun erzählt die Spielleiterin eine kleine Geschichte vom ersten Schultag, wobei die knienden Kinder Aspekte der Geschichte auf den Rücken ihres Partners malen. Wichtig dabei ist, die Sätze sehr langsam zu sprechen, um den Kindern genügend Zeit zum Malen und Spüren zu lassen.

Der erste Schultag
*Knuti ist schon lange wach und **rollt sich von rechts nach links!** Er ist mächtig aufgeregt, denn heute ist sein **1.** Schultag. Er **rennt** zu Mama und Papa, **drückt** sie kräftig und verschwindet dann schnell*

in seinem Zimmer, um seine **Lieblingshose** und sein **Lieblings-T-Shirt** anzuziehen. Zum Frühstück schafft er heute nur **eine kleine Scheibe Brot** und ein **halbes Glas Milch**. Nach dem **Waschen** und **Zähneputzen** geht es endlich los. Knuti zieht stolz seinen tollen **Dino-Schulranzen** auf den Rücken. Dann bekommt er von Mama die **Schultüte**, auf die er sich schon soooo gefreut hat. Sie ist richtig **schwer** und Knuti würde sie am liebsten erst einmal auspacken, aber das darf man ja erst nach der Schule. Also **laufen** sie los. In der **Schule** angekommen wuselt es nur so von **Schülern**, die alle über den **Schulhof sausen**. Dann wird es richtig spannend. Eine **Lehrerin** begrüßt alle und versammelt die Erstklässler um sich. Sie **laufen zwei Treppen** hoch und stehen in einem großen, **schönen Klassenraum**. Jeder sucht sich einen freien **Stuhl** und schon beginnt der Unterricht. Jedes Kind soll das **Haus** malen, in dem es wohnt. Alle Kinder holen ihr **Mäppchen** aus dem **Schulranzen**. Knuti malt das **Haus** und dann noch seinen **Garten** mit dem **tollen alten Baum**, auf den er so gerne klettert. Knuti ist noch ins Malen vertieft, als plötzlich die Schulglocke klingelt und die Lehrerin alle Kinder bittet, ihre **Mäppchen** in den **Schulranzen** zu räumen. Die Kinder folgen daraufhin der Lehrerin die **Treppen** hinunter und jedes Kind saust glücklich zurück zu seinen Eltern. Erst jetzt denkt Knuti wieder an seine **riesiggroße Schultüte** und nimmt sie als stolzes Schulkind in den Arm. Zuhause angekommen, packt Knuti die **Schultüte** aus und findet dort ein **Buch**, viele tolle **Buntstifte**, einen **runden Dino-Anspitzer** und jede Menge **Gummibärchen**. Als er an diesem Abend ins **Bett** geht, rollt er nicht mehr lange **von rechts nach links**. Er denkt an seinen erlebnisreichen **1.** Schultag, freut sich kurz noch auf seinen **2.** Schultag und ist dann aber auch schon **eingeschlafen**.

Variation:
Auch viele andere Alltagssituationen der Kinder lassen sich in einfache Massagegeschichten umsetzen.

Spannende Entspannung

Die Sternenkinder

Material:
Pro Kind eine Taschenlampe, Decken

Die Kinder liegen in Rückenlage auf Decken. Jedes Kind hat eine Taschenlampe in der Hand, die mit ihrem Lichtkegel bis zur Decke scheint. Der Raum ist abgedunkelt. Alle hören den Text der folgenden Geschichte und bewegen dazu ihre Taschenlampe. Beim Vorlesen des Textes ist darauf zu achten, immer wieder Pausen einzulegen, damit die Kinder mit ihren Taschenlampen ausreichende Experimentierzeit haben.

Die Sternenkinder

Stellt euch vor, die Decke über uns wäre aus Glas. Da es recht dunkel ist, würden wir durch unsere Glasdecke in den dunklen Himmel gucken. In einer wolkenlosen Nacht kann man sogar eine ganze Menge Sterne am Himmel sehen. Na, lasst sie mal leuchten! Wisst ihr, was nur Kinder an diesem Sternenhimmel sehen können: kleine Sternenkinder, die hell leuchten, und im Himmel so einiges erleben:

Nach und nach seht ihr Sternenkinder, die sich erst einmal ganz langsam am Himmel hin- und herbewegen. Wenn sie ganz sicher sind, dass nur Kinder sie sehen, beginnen sie, etwas lebhafter zu werden. Sie zeigen euch Purzelbäume; treffen sich alle in der Himmelsmitte, wandern zusammen in eine Ecke und schaffen es manchmal sogar, wie Zirkusakrobaten Salti zu schlagen. Dann treffen sich zwei Sternenkinder und eines versucht, sich hinter dem anderen zu verstecken. Manchmal bilden sie alle zusammen einen großen Kreis und versuchen, sich langsam sogar mit diesem riesigen Sternenkreis zu drehen. Mit ein wenig Geschick können sie aus dem Kreis sogar auch ein Viereck bilden! Wunderbar, heute klappt es ja wirklich! (Alternativ: Na ja, das ist halt richtig schwer und wenn's nicht so ganz klappt, bilden sie noch einmal einen Kreis.)

Wenn die Sternenkinder die Kinder auf der Erde besonders interessant und nett finden, kommen sie sogar auch mal zu uns auf die Erde und leuchten dort herum. (Lasst sie mal unten scheinen!) Dann hüpfen sie von einem auf den anderen Fuß und freuen sich sehr, wenn wir das so genießen, dass wir mit den Füßen wackeln. Auch die Hände sehen sie sich gerne an, jeder einzelne Finger wird dann untersucht.

Und wisst ihr, wie die Sternenkinder wieder zurück in den Himmel kommen? Ganz einfach: Ihr leuchtet die Sternenkinder auf euren

Mund und pustet sie dann mit viel Luft, die ihr vorher einatmet, wieder – heidewitzka – nach oben in den Himmel!

Nach so viel Spielerei werden die Sternenkinder dann auch irgendwann einmal müde, suchen sich ihren Lieblingsplatz im Himmel und schlafen dann (klick) ein!

Variationen:
1. Sternenkinder lieben Zahlen und schreiben sie gern.
2. Sternenkinder bilden Formen am Himmel (Strich, Kreis, Schlangenlinie, Dreieck usw.).
3. Sternenkinder kommen nach ihrer Spielerei im Himmel zu den Erdenkindern, die ihnen ihre Vornamen flüstern. Nach der Rückkehr zum Himmel schreiben die Sternenkinder den Namen in den Himmel.
4. Sternenkinder lernen Körperteile der Erdenkinder kennen.

Materialliste

Bei den Spielideen in diesem Buch kommen die folgenden Materialien zum Einsatz:

Alltagsmaterialien

Bierdeckel
Decken
Edding
Eimer
Holzspieße
Keksdose
Streichholzschachteln
Steine
Tennisbälle
Wäscheklammern
Zeitungen
Zollstöcke

Selbst hergestelltes Material

4 Pappkarten im DIN A-4-Format mit Farbklecksen in den Grundfarben
6 Pappkarten im DIN A-4-Format entsprechend den Farbwürfelzahlen mit jeweils 4 Bewegungsformen (rennen, hüpfen, rollen, springen, kullern, laufen, gehen, Seitgalopp …)
Laminierte Spielkarten mit verschiedenen Bauklotzfolgen
Laminierte Pappkarten mit verschiedenen einfachen Formen oder Zeichnungen (Kreis, Viereck, Haus, Sonne)
Blätter mit vielen gemalten Würfeln und Würfelzahlen (mehrfach kopieren)
Plakat mit Zahlen von 1 bis 6
Fotos der Kinder
Laminierte DIN A-4-Pappkarten mit Körperteilen

Meist in Einrichtungen vorhandenes Material

Alte Memorykarten	NIVEA-Creme
Bauklötze	Pflanze
Duplosteine	Sandsäckchen (Bohnensäckchen)
Fädelkette / Perlen	Schwungtuch
Großer Farbwürfel	Seilchen
Große Matte	Softbälle
Großer Schaumstoffwürfel	Stoppuhr
Handschuhe / Mütze	Stühle
Holzreifen	Taschenlampe
Langbank	Tischtennisbälle
Löffel	Tiermemory / Bauernhofmemory
Luftballons	UNO-Spielkarten
Mehrere kleine Farbwürfel	Zauberstab
Memoryspiel	

Gekauftes Material

Butterbrotpapier
Farbiges Tesakreppband / Isolierband (Baumarkt)
Handspiegel (Drogerie-Markt)
Heulrohre (Sportfachhandel) / Drainagerohre (Baumarkt)
Mousepads (preiswert bei IKEA)
Plastikspiegelfliese (IKEA)
Straßenkreide
Schminkstifte
Seifenblasen
Strohhalme
Watte

Literatur und Musiktipps

Literatur

Beins, Hans Jürgen / Cox, Simone: Die spielen ja nur!? Psychomotorik in der Kindergartenpraxis. Borgmann Verlag, Dortmund 2001

Beudels, Wolfgang / Lensing-Conrady, Rudolf / Beins, Hans Jürgen: Das ist für mich ein Kinderspiel. Handbuch zur psychomotorischen Praxis. Borgmann Verlag, Dortmund 1994

Erkert, Andrea, Bewegungsspiele für Kinder, Körpererfahrung und Bewegungsförderung für jeden Tag, Don Bosco, München 2001

Hannaford, Carla: Bewegung das Tor zum Lernen. VAK Verlags GmbH & Co., Kirchzarten bei Freiburg 2004

Horn, Reinhard / Köster, Wolfgang: Der Hahn hat Schluckauf. Lieder und Spielideen zur sensorhythmischen Förderung. Kontakte Musikverlag, Lippstadt 2005

Horn, Reinhard / Köster, Wolfgang: Quatsch mit Salsa. Fröhlich freche Kinderlieder mit Spielideen von C. Grüger. Kontakte Musikverlag, Lippstadt 2005

Liebertz, Charmaine: Das Schatzbuch ganzheitlichen Lernens. Grundlagen, Methoden und Spiele für eine zukunftsweisende Erziehung. Don Bosco / Spectra, München 2003

Liebertz, Charmaine: Spiele zum ganzheitlichen Lernen. Don Bosco / Spectra, München 2004

Liebertz, Charmaine: Das Schatzbuch der Herzensbildung. Grundlagen, Methoden und Spiele zur Emotionalen Intelligenz. Don Bosco, München 2004

Lindner, Heidi: Hier bewegt sich was. Reihe zur Bewegungserziehung. Jährlich 4 Bände. Meyer & Meyer Verlag

Nienkerke-Springer, Anke / Beudels, Wolfgang: Komm, wir spielen Sprache. Handbuch zur psychomotorischen Förderung von Sprache und Stimme. Borgmann Verlag, Dortmund 2003

Monschein, Maria: Spiele zur Sprachförderung. Don Bosco, München 1997

Monschein, Maria: Spiele zur Sprachförderung Band 2. Don Bosco, München 1998

Rosin, Volker / Erkert, Andrea, Bewegungshits und Spielideen, Don Bosco, München 2005

Seitz, Marielle, Vom Formenzeichnen zum Schreibenlernen. Wahrnehmung, Bewegungskoordination, Feinmotorik und Konzentration, Don Bosco, München 2006

Zimmer, Renate: Handbuch der Bewegungserziehung. Grundlagen für Ausbildung und pädagogische Praxis. Herder, Freiburg 2004

Zimmer, Renate: Handbuch der Sinneswahrnehmung. Grundlage einer ganzheitlichen Bildung und Erziehung. Herder, Freiburg 2006

Zimmer, Renate: Kursbuch Bewegungsförderung, So werden Kinder fit und beweglich, Don Bosco, München 2004

Zimmer, Renate: Toben macht schlau. Bewegung statt Verkopfung. Herder, Freiburg 2004

Zimmer, Renate: Schafft die Stühle ab. Was Kinder durch Bewegung lernen. Herder, Freiburg 2002

Musiktipps

Horn, Reinhard: Der Hahn hat Schluckauf. Kontakte Musikverlag

Horn, Reinhard: Quatsch mit Salsa. Fröhlich freche Kinderlieder. Kontakte Musikverlag

Lal, Uwe: Los geht's. Mitmach- und Spiellieder. Abakus-Musik-Verlag

Trio Kunterbunt: Purzelbaum und Kissenschlacht. Lieder zum Kinderturnen & für ein bewegtes Kinderzimmer, Fördergesellschaft des DTB (Deutscher Turner Bund) Tel.: 069/67801/138

Trio Kunterbunt: Land der tausend Träume. Deutsche Grammophon 457548-2/4, 1998

Reinelt, Werner und Hedi: Beweg dich mit im Bärenschritt. Singen-spielen-bewegen. Fantasia Kinderlieder Verlag

Rosin, Volker: Turnen macht Spaß. Moon-Records-Verlag, Düsseldorf

Rosin, Volker / Erkert, Andrea: Bewegungshits und Spielideen. Don Bosco, München 2005

Heidi Lindner, Michael Gundlach: Tip Tap, Instrumentalmusik für Notenhopser und Leiseschleicher, Meyer & Meyer Verlag

Quellenverzeichnis

Seite 26: Der Faden, aus: Josef Guggenmos, Oh, Verzeihung, sagte die Ameise © 1990, 2018 Beltz & Gelberg in der Verlagsgruppe Beltz · Weinheim Basel

Seite 45: Die Nadel und der Luftballon, aus: Josef Guggenmos, Oh, Verzeihung, sagte die Ameise © 1990, 2018 Beltz & Gelberg in der Verlagsgruppe Beltz · Weinheim Basel

Seite 96: Die Eisenbahn © Rita Diepmann

Seite 98: Zahlenspaziergang © Rita Diepmann

Wir haben uns bemüht, die Rechteinhaber aller abgedruckten Gedichte und Fingerspiele ausfindig zu machen. Sollte uns dies im Einzelfall nicht gelungen sein, bitten wir die Inhaber der Rechte, sich mit dem Verlag in Verbindung zu setzen.

Danke

- meinem Mann für die Geduld und Zuversicht in all meine kleinen und großen Projekte;
- meinen Kindern, durch die ich jeden Tag auf's Neue ganzheitlich lerne!
- meiner Mutter, von der ich das positive Denken geerbt habe und die immer für uns da ist!
- meinem Bruder Thomas, der als Erstleser phantastisch konstruktiv war;
- meiner Schwester, die mich immer mal wieder liebevoll „zurechtstutzt", wenn ich zuviel gleichzeitig mache;
- meinem Vater, mit dem ich so gerne lache;
- meinen Schwiegereltern, die uns immer tatkräftig unterstützen;
- dem Team der Kindertagesstätte Jacob-Weber-Straße in Essen, in der ich so manches neue Spiel ausprobieren darf;
- den vielen Erzieherinnen, die seit 16 Jahren meine Fortbildungen besuchen und bereichern;
- den Vorschulkindern Lars, Nele, Carolin, Carina, Eyup, Emre, Jannick, Lena, Leon, Seda, Yannick, Tobias, Sebastian, Swantje, Manuel, Lena und Elisabeth, die mit viel Spaß einige meiner neu entwickelten Spiele getestet haben;
- Roger, dem kinderfreundlichsten mobilen Fotografen, der mit viel Humor und Geduld alle Fotos gemacht hat (www.foto-kautz.de);
- meinen Freundinnen Gisela und Brigitte, die mir immer wieder auf die Beine helfen, wenn ich „Workaholic-Schäden" habe;
- meinen Freundinnen Beate, Iris, Ulla, Marion, Jutta und Sonja, die zu jeder Tages- und Nachtzeit mit mir joggen gingen, wenn ich akuten Sauerstoffmangel hatte;
- Gabriele v. Wangenheim-Biegel vom Don Bosco Verlag, die mich motiviert hat, dieses Buch zu schreiben, sowie den Lektorinnen Gesa Rensmann und Hildegard Kunz, die mir geholfen haben, alles in Form zu bringen;
- Monika Elbert, Monika Elmering, Petra Dreyer, Dr. Renate Lohmann, Gabriele Porten, Birgit Schmeling und Susanne Weisgerber, die mich, jede auf ihre Weise, großartig unterstützt haben.

Spieleregister

Spiele zum Farbenlernen

Bewegte Farben	17
Gelb wie die Sonne	18
Bewegte Farb-Finger	18
Farben-Fangen	20
Das Bauklotzspiel	20
Das Farbensammelsurium	21
Wir alle wollen uns bewegen!	21

Spiele zum Formenlernen

Riesenseilformen	23
Körperformen	24
Formen-Memory-Staffel	24
Seilchenformspiel	25
Seilgeschichte	26
Dreieck, Viereck, Fünfeck, Kreis, mal laut, mal leis!	28

Spiele zur Förderung der Sprachentwicklung

Mit dem Atem spielen

Luftpantomime	29
Watte-WM	30
Luftikus	30
Puste-Labyrinth	31
Seifenblasen-Spiegel-Tanz	31
Riesenballon	32

Das Gehör schulen

Ohren wie ein Luchs	32
Superohren im Wald	33
Klackerei	33
Menschen-Geräusche-Memory	33
Chaos-Geräuschememory	34
Heulrohr-Stethoskop	34
Großgruppengeheimtelefon	35

Telefonzentrale 36

Lautmalereien
Mundakrobaten 36
Bewegte Vokalhäuser 37
Eiswürfelchen 37
Eiswürfelchen-Fangen 38
Die Lok kommt 38

Sprechspiele
Joe 39
Pferderennen 40
Das rosarote Sofa 41
Das ist ein Klavier 42
Zwei Elefanten 43
Das ist mein Knie 43
Mehrzahl-Memory 44

Fingerspiele
Hick und Hack 44
Die Nadel und der Luftballon 45
Bewegte Begriffe 46
Fünf kleine Affen 46
Schau her, heut bist du nicht allein 47
Es regnet 48
Der Tiger Raschnipur 48
Füßchengrüße 49

Spiele zur Wahrnehmungsförderung
Körpermikado 54
Die Ritterburg 55
Die Geschichte von Gisela und Gerd Gleichgewicht 56
Chaos auf dem Bauernhof 57
Die Zeitungsclowns 58
Der Schnüffel-Detektiv 59
Die Erdbeer-Detektiv-Bande 59

Spiele zur Förderung der Körperwahrnehmung

Hubschrauber mit Herz	60
Körperpuzzle	61
Schlappi Schlapp und Manfred Muskel	61
Körper-Wirrwarr	61
„Das bin ja ich!"	62
Körperteile-Renn-Memory	63
Steiny's Lieblingsplatz	63
Körper-Potpourri	64
Menschen-Vermessung	65

Spiele zur Förderung des Sozialverhaltens

Atomspiel	66
Das liebe Krokodil am Nil	67
Die Reise nach Melasurej	67
Der Rangierbahnhof	68
Reifenrennen	68
Das verhüllte Denkmal	68
Guck mal, wer da guckt!	69
Schiffe versenken	69
Bodyguard	70
Jetzt wird's eng	70
Haifangen	70

Spiele zur Schulung der Feinmotorik

„Schnick, Schnack, Schnuck" mal anders	71
Die magnetischen Zauberhände	72
Stille Rückenpost	73
Stiftlose Montagsmaler	73
Der Farbturm	74
Streichholzschachtel-Duell	74

Spiele zur Förderung von Aufmerksamkeit und Konzentration

Klatsch-Memory	75
Bewegungs-1,2,3	76
UNO-Geheimagenten unterwegs	76

Menschen-Memory 77
UNO-Karten-Wirrwarr 78
Märchen-Chaos 79

Spiele zur Förderung logischen Denkens
Fast food-Reaktionsspiel 81
Irgendwas 82
High speed-Memory 82
Getränkehüpfen 82
Das kunterbunte Farben- & Formenhaus 84
Detektivspiele 85
Schauspielschule 86
Die Straßenbahn fährt durch die Stadt 88
Ich bin der König 89

Wenn Zahlen vor Freude hüpfen
Fingerspiele
Fünf Freunde 90
Der Apfeltransport 91
Klatschparade mit Zahlentext 92

Bewegungsspiele im Kreis
Dickes Ei 92
Zahlen-Hochstapeln 93
Schwimmer-Spring-Parade 94
Der Taschenrechner 95
Die Eisenbahn 96
Das Mathe-Mampf-Monster 97
Zahlenspaziergang 98
Würfelfußball 98

Spiele mit Zahlenwürfel
Würfel-Ausstreich-Staffel 99
Reise ins Würfelland 99
Gewürfeltes Körperdenkmal 100
Morse-Mathe 101

Mensch, beweg dich..	101
Indianer-Schmuck-Jagd	102

Wie Buchstaben laufen lernen

Kinder-ABC..	103
Namensalat..	104
Eisenbahn im Buchstabenland	104
Buchstabensuppe..	105
Der Zoo-Zauberer	106
Buchstabensalat..	106
Die Buchstaben-Detektive	107
Seilchenbuchstabengeschichte	107

Spannende Entspannung

Wenn die Stille knistert: Das Butterbrotpapierkonzert.........	109
Formen-Reise..	110
Die SCHUBIDU-Massage...	110
Die Sternenkinder	112

Spieleregister alphabetisch

Atomspiel..	66
Bewegte Begriffe	46
Bewegte Farb-Finger	18
Bewegte Farben	17
Bewegte Vokalhäuser	37
Bewegungs-1,2,3..	76
Bodyguard...	70
Buchstabensalat..	106
Buchstabensuppe..	105
Chaos auf dem Bauernhof..	57
Chaos-Geräuschememory	34
Das Bauklotzspiel	20
Das Farbensammelsurium..	21
Das ist ein Klavier..	42
Das ist mein Knie...	43
Das kunterbunte Farben- & Formenhaus...........................	84

Das liebe Krokodil am Nil	67
Das Mathe-Mampf-Monster	97
Das rosarote Sofa	41
Das verhüllte Denkmal	68
Der Apfeltransport	91
Der Farbturm	74
Der Rangierbahnhof	68
Der Schnüffel-Detektiv	59
Der Taschenrechner	95
Der Tiger Raschnipur	48
Der Zoo-Zauberer	106
Detektivspiele	85
Dickes Ei	92
Die Buchstaben-Detektive	107
Die Eisenbahn	96
Die Erdbeer-Detektiv-Bande	59
Die Geschichte von Gisela und Gerd Gleichgewicht	56
Die Lok kommt	38
Die magnetischen Zauberhände	72
Die Nadel und der Luftballon	45
Die Reise nach Melasurej	67
Die Ritterburg	55
Die SCHUBIDU-Massage	110
Die Sternenkinder	112
Die Straßenbahn fährt durch die Stadt	88
Die Zeitungsclowns	58
Dreieck, Viereck, Fünfeck, Kreis, mal laut, mal leis!	28
Eisenbahn im Buchstabenland	104
Eiswürfelchen	37
Eiswürfelchen-Fangen	38
Es regnet	48
Farben-Fangen	20
Fast food-Reaktionsspiel	81
Formen-Memory-Staffel	24
Formen-Reise	110
Fünf Freunde	90

Fünf kleine Affen	46
Füßchengrüße	49
Gelb wie die Sonne	18
Getränkehüpfen	82
Gewürfeltes Körperdenkmal	100
Großgruppengeheimtelefon	35
Guck mal, wer da guckt!	69
Haifangen	70
Heulrohr-Stethoskop	34
High speed-Memory	82
Hubschrauber mit Herz	60
Ich bin der König	89
Indianer-Schmuck-Jagd	102
Irgendwas	82
Jetzt wird's eng	70
Joe	39
Kinder-ABC	103
Klackerei	33
Klatsch-Memory	75
Klatschparade mit Zahlentext	92
Körpermikado	54
Körper-Potpourri	64
Körper-Wirrwarr	61
Körperformen	24
Körperpuzzle	61
Körperteile-Renn-Memory	63
Luftpantomime	29
Luftikus	30
Märchen-Chaos	79
Mehrzahl-Memory	44
Mensch, beweg dich	101
Menschen-Geräusche-Memory	33
Menschen-Memory	77
Menschen-Vermessung	65
Morse-Mathe	101
Mundakrobaten	36

Namensalat	104
Ohren wie ein Luchs	32
Pferderennen	40
Puste-Labyrinth	31
Reifenrennen	68
Reise ins Würfelland	99
Riesenballon	32
Riesenseilformen	23
Schau her, heut bist du nicht allein	47
Schauspielschule	86
Schiffe versenken	69
Schlappi Schlapp und Manfred Muskel	61
Schwimmer-Spring-Parade	94
Seifenblasen-Spiegel-Tanz	31
Seilchenbuchstabengeschichte	107
Seilchenformspiel	25
Seilgeschichte	26
Steiny's Lieblingsplatz	63
Stiftlose Montagsmaler	73
Stille Rückenpost	73
Streichholzschachtel-Duell	74
Superohren im Wald	33
Telefonzentrale	36
UNO-Geheimagenten unterwegs	76
UNO-Karten-Wirrwarr	78
Watte-WM	30
Wenn die Stille knistert: Das Butterbrotpapierkonzert	109
Wir alle wollen uns bewegen!	21
Würfel-Ausstreich-Staffel	99
Würfelfußball	98
Zahlen-Hochstapeln	93
Zahlenspaziergang	98
Zwei Elefanten	43
„Best of" der Sinnesspiele	54
„Das bin ja ich!"	62
„Schnick, Schnack, Schnuck" mal anders	71